赋能者

引爆团队核能量

ENABLER

DETONATING TEAM NUCLEAR ENERGY

顾杰◎著

中国纺织出版社有限公司 | 国家一级出版社
全国百佳图书出版单位

内 容 提 要

在当今这个时代，无论是传统企业还是互联网企业，都面临着如何调动团队成员积极性，提高其执行力的问题。所以，如何让员工能够按时高效地完成既定目标，是每一个企业和团队需要面对和解决的课题。本书通过讲述如何做一个赋能型管理者，来激发团队成员的主观能动性，以实现带领企业和团队不断发展进步的目的。

图书在版编目（CIP）数据

赋能者：引爆团队核能量/顾杰著．-- 北京：中国纺织出版社有限公司，2020.3（2020.9重印）
ISBN 978-7-5180-7120-3

Ⅰ．①赋… Ⅱ．①顾… Ⅲ．①管理学 Ⅳ．① C93

中国版本图书馆 CIP 数据核字（2020）第 002498 号

策划编辑：史 岩　　责任校对：寇晨晨　　责任印制：储志伟

中国纺织出版社有限公司出版发行
地址：北京市朝阳区百子湾东里A407号楼　邮政编码：100124
销售电话：010—67004422　传真：010—87155801
http://www.c-textilep.com
中国纺织出版社天猫旗舰店
官方微博 http://weibo.com/2119887771
三河市宏盛印务有限公司印刷　各地新华书店经销
2020年3月第1版　2020年9月第2次印刷
开本：710×1000　1/16　印张：11.5
字数：238千字　定价：48.00元

前言
Preface

无论是传统企业还是时代发展下出现的新兴互联网企业，在管理中，管理者经常会提出一些问题，比如：

如何辅导与训练下属，让他们拥有高效的执行力？

如何调动团队成员积极性，让他们变“要我干”为“我要干”？

如何帮助下属有效地提升绩效，而不是一施压就撂挑子不干？

以上问题，相信是很多管理者都要面临的难题，作为管理者，如果处理了这些问题，就等于是掌握了管理的技能。

员工能否按时完成既定目标，与管理者在辅导训练及激励等相关环节中是否做好了一个教练是分不开的。企业中优秀的管理者，一定也是一个优秀的“企业教练”和“啦啦队长”。

那么，作为管理者，如何能够带出一支高素质的协作团队呢？时下流行一个观点：管理靠的不是管控，而是赋能。赋能就是给予别人能量的意思，意指管理者通过对下属赋能，让员工更有能力为组织做出贡献。使个人能力发展与组织的愿景、使命、价值观形成联结，个人与组织发展方向一致，个人才能得以更好更快发展。所以，未来的管理就是“赋能与激活人”。

在讲赋能和激活之前，我们首先还是要联系当下的大环境。现在这个时代发生了很多变化，环境在变，企业和团队、绩效和发展等也都在发生改变。因为环境不可避免地会影响到诸如企业战略、运营模式、人员发展、人员能力构建等方面。在这种混沌指数不断增加的情况下，作为一个企业、一个组织，如何适应环境、适应这种变化呢？一个企业生存依托的是绩效，依托的是未来的发展，那么这二者的源动力从何而来？无论环境怎样改变，唯一不变的动力依然是“人”。一家企业要发展，一定离不开企业内所有的人。不管是谈企业的战略还是组织的发展，最后一定会落在人身上，因为人才是最终让战略执行到位的最小单位。

那么，应对挑战，需要的依然是“人”以及由人组成的团队。从建立一支小团队进而构建大团队，应使整个组织具备持续的适应能力。一支好的团队是成就事业的基础，正如阿里的十八罗汉，腾讯的五虎将，携程四君子，以及新东方的中国合伙人，任何伟大事业的背后都离不开一支优秀团队的支撑。

诚然，团队优秀与否考验的是带队的人，精兵来自强将。

优秀团队来自一个擅于管理的领导。在团队管理过程中，我们经常会遇到各种各样的困惑，比如，团队成员执行力差，缺乏责任心，明明都很努力但总完不成目标业绩，老员工缺乏动力跟不上节奏……这一系列的问题存在于每个团队中。

所以，真正的赋能不是赋能个人，而是“赋能团队”，只有当一群人聚在一起共事，才能取长补短，去掉个人的局限性，所以用团队来定义才更容易看清组织的目标和未来。

如果你有一个团队，你正好是这个团队的“带头大哥”，你要怎样带着他们确立江湖地位呢？你要如何给自己的团队注入活力让其能征善战、所向披靡呢？只有管理者成为赋能者，才能引爆团队核能量。带着这样的问题以及我在人才发展领域多年的经验及感悟，我写了这本书。

本书开篇从洞察管理难题入手，让管理者发现问题的症结，然后打开思路把握核心问题，用策略和方法给团队赋能。最后提供赋能的方法，从激励、创造、执行、文化等几个维度来详细阐述什么才是真正的赋能团队。

未来世界是不确定的世界，战略无法制定，对手不知道在哪里，新技术不知道什么时候发生，作为企业或者组织的管理者，将如何实现企业与组织目标，如何提升团队效能？答案是构建赋能型团队。在这个个体崛起的时代，只有极大地发挥个体的价值，才能给团队带来更多的绩效，而赋能型团队的意义正在于此。

目录
Contents

上篇 洞察：给团队赋能，是现实需要也是管理趋势

上篇　洞察：

给团队赋能，是现实需要也是管理趋势

第一章 组织面临的共性问题

第一节 问题现状——传统组织金字塔式管理结构的弊端

人们把传统组织的管理结构称为单一化管理，后由管理之父弗雷德里克·温斯洛·泰罗把这种单一的管理模式定义为金字塔式管理。其特征是：企业各级单位从上到下实行垂直领导，呈金字塔式结构，高层管理者位于金字塔的顶部，中层和低层管理者则沿着塔顶向下分布。这是一种在传统生产企业中最常见的管理形式。

在计划经济时代，该结构在稳定的环境下，在生产力相对落后、信息相对闭塞的时代，不失为一种较好的组织形态，它机构简单、权责分明、组织稳定，并且决策迅速、命令统一。但在市场经济环境和信息技术发达的今天，金字塔型的组织结构则由于缺乏组织弹性，缺乏民主意识，过于依赖高层决策，如果高层对外部环境的变化反应缓慢，就会凸显出刻板生硬、不懂得应变等种种弊端。

放眼整个时代，企业发展和管理者将面对的是“组织变化”“互联网转型”“区块链带来的数字化生存与发展”，这是一个不断变化的时代。

在“互联网 +”数字时代，企业面临的是一个全新的生存环境。在这个大变革的时代，对新环境的认知焦虑、企业变革的各种尝试和数字技术的飞速发展等交织在一起，形成了互联网时代的生存环境底色，企业面临着前所未有的新挑战。

如何迎接产业转型期？

如何实现弯道超越？

如何保持创新动力？

这是想要在这个全新时代生存和发展的企业必须面对的问题。在产业转型期，企业都将面临着一个战略转折点，而在这个关键时刻，我们需要重新定义这个行业。

所有的重新定义中都包含油门和加速器，而油门一方面来源于新技术；另一方面来源于新的商业模式。

想要习得一种新的商业模式和管理结构，就需要认清传统组织结构的弊端，予以摒弃，才能以一种开放的思维和接纳的心态来学习新的管理模式与企业结构。

今天我们思考组织管理及发展的问题，不应该关心“存在的问题”，而应该关心“未来会发生什么”。如果思想仅局限于“现有的问题”，那么思考一定会陷进去，而无法讨论关于未来的问题。因此，我们的思维模式必须要改变。用原有的线性思维去思考，有问题就要解决，这是管理者的训练；但今天，“有问题解决问题”不是最重要的，最重要的是如何为未来做准备。

金字塔式的组织管理模式在互联网时代会勒住企业的脖子，让企业行动迟缓，身躯僵硬。如果企业属于规模大、员工多、层级制明显的，则更应看清方向，抓住机遇，扯掉勒在脖子上的“绳子”，以更加灵活的管理模式适应当下快速发展、不断变化的互联网时代。

比如，医院和医疗机构因为处于“行政管理、医护和后勤人员‘三分天下’的传统‘水桶型’管理架构中，导致医院机构臃肿、职能重叠，人浮于事。所以，医院改革的进程，首先就是要搞好医院的内部管理，把重点放在提高人效，扩大临床、发展医技、浓缩行政后勤等管理目标上。大部分医疗行业管理者认为，尽管后勤队伍非常庞大，但运转效率却非常低，经常出现工作没人干的情况。很多医院为了达成现代化医院管理目标，对于行政职能处室进行组织变革，重新进行排列组合。

那么，传统组织结构的弊端体现在哪些方面呢？

第一，管理结构上的多层级，不但影响着信息的传递速度，还加重了信息的衰减。比如，实际工作中生产一线对于市场需求信息反应迟缓，缺乏快速应对能力和良好支持。有的企业甚至因为一个项目需要层层审批，而错过了最佳的市场机遇。

第二，严格的管理层级，严重制约着员工的积极性和创造性，导致士气低落，缺乏工作热情和干劲。一个人发号施令，其他人被动执行，容易产生惰性思维和行为。尤其被动执行的人，因为不必为结果负责，就会缺乏该有的责任心。以致出现领导忙死，下面的人闲死的不和谐局面。

第三，单一组织结构，缺乏顺畅的内部协作和外部沟通，组织内部没有形成和谐、融洽的氛围，企业成员之间缺乏互动、互助，大多数只是基于本岗位“单打独斗”。长此以往，一线员工的胜任素质能力少有提升，很难适应企业快速发展的需要。

第四，金字塔型结构容易造成机构臃肿，人们常常听到“精简机构”的说法，但收效甚微，精简机构形成了一条精简、扩大、再精简、再扩大的怪圈，还成了某些人排除异己的借口。

由于传统“金字塔”式的组织结构管理层次多，严重阻碍了信息传递的速度，并且易造成信息歪曲，不利于组织及时对环境变化做出快速反应。因此，必须认清“金字塔结构模式的弊端”，从而重新架构商业模式，适应未来不断发展的经济社会环境。

第二节　管理痛点——管理者的终极难题：纠结的两难之选

接触过不少企业管理者，他们在经营企业的时候有不同的困惑，这些困惑正是新时代管理者面临的难题和挑战。比如，为什么销售额增加了，利润却下降了？为什么企业自我感觉不错，却无法留住人才？有的企业虽然不大，但是却染上了“大企业病”，各个部门之间自以为是，无法实现真正的合作……例如：

奖金分配问题：给多了公司负担不起；给少了员工不高兴。

公司制度问题：严考了可能影响员工工作情绪；不严考，公司就没有规矩。

公司宣传问题：不做广告产品可能卖不出去；做了广告有时候花的钱可能打了水漂。

给客户回扣问题：不给可能得不到一个项目；给了又觉得触碰了自己的道德底线或者害怕将来会出事。

……

以上这些俨然已经成为企业管理者进退两难、最为头疼的问题。

其实做管理，就是把适合的人选，在适合的时间段，放在适合的位置上，完成高层领导下达的各项指示。说来简单，实际做起来，绝大多数管理者并没做到。

中国企业管理须突破固化的思维模式，适时地完成角色转变，怎么转？从抓业绩、抓业务转到抓管理、抓细节，从经营客户转到经营员工、经营团队，让员工有自豪感、成就感、归属感。好的人才激励机制都有可能把员工培养成为公司骨干。

比如，以医疗行业为例，对于医院的人才来说，其不仅关注眼前的现实利益，自己能否在医院得到进步和成长，医院能否为其提供学习的机会也是他们十分关注的。如果一个人具备有市场价值的工作技能，就意味着可以在市场上获得更高的薪酬。因此，如果你重视帮助员工学习与成长，那么他们更可能愿意留在本单位，因为他们知道你真心关注他们的最大利益。

在我看来，中国企业面临的最大挑战，不是市场、不是技术、不是资金、不是体制，甚至不是人才，而是管理者的观念与心智，也就是管理者的思维。

管理者的思维改变了，才能在创建企业、搭建领导班子、招兵买马以及经营策略等方方面面有所突破和改善，才能不至于在管理过程中陷入进退两难的境地。

随着新时代、新经济的不断发展，管理者的思维也要不断进化和提升。因为，天地之间，人最锐利的武器，不是牙齿，不是四肢，而是思想。你用什么样的思维去做人做事，将决定你能看得多高，走得多远。一个人成功与否与这个人所持有的思维方式、哲学、思想等有着本质的联系。一个企业是否能够发展更长远、更稳定与管理者的思维分不开。

作为管理者，首先，要具备统揽全局的战略思维。领导战略谋划和指导是否正确，直接关系到领导活动成败和绩效，也关系到企业运营的成败。一个企业领导人通过观察力、判断力以及预见能力，最终形成了具有一定高度和远见的战略眼光和战略思维，才能带好一个团队，领好一个班子。

举个例子，如果你去爬泰山，几乎不用准备什么就可以达到山顶。但你要登顶珠峰，那就要做好万全的准备，甚至要经历艰苦的训练，制订详细又周密的计划。做企业如同登山，如果你只想通过做企业挣点小钱养家糊口，也许不用学习太深的战略思维，只要找个场地弄些产品卖就可以了。但如果要将生意做成事业，那就需要下一番功夫，深究一下什么是管理哲学，什么是经营的思维了。

其次，要有人才思维。一个人再会带兵打仗，没有精兵也显示不出将强，所以人才思维是每个管理者都应该学习的。

不是任何管理者都能够真正做到驾驭和使用人才的，这需要其必须拥有较强的能力和水平。否则，抛开了自身所需的必要条件来谈提高使用和管理人才的能力只能是一句空谈。因此，管理者要具备人才思维，不断学习掌握选拔和使用人才的能力。

最后，管理者要有创新思维。创新思维对应三种方式的创新。无论是张瑞敏的海尔模式，还是雷军的小米模式，都跟创新思维有关。在全球化竞争激烈，顾客需求个性化，处处要求创新的复杂情况下，我们需要进行持续性的及时创新，协同创新，全球化全流程的创新，全价值链的创新和全员的创新。所以，管理者只有具备创新思维，才是企业走创新发展之路的基础。

企业管理中经常会出现一些令管理者头疼的问题，要正确理解这些问题，才会让企业的发展更进一步。企业在发展过程中往往会遇到很多瓶颈，管理者如何透过现象看见本质，如何提升自己的管理思维才是最终的出路。

第三节　培养痛点——组织把管理者培养成了“复读机”

谈到管理，小到父母对孩子的管教，大到企业对员工的培养。无论是把孩子培养成一个合格的、能独当一面的社会人，还是把一个员工培养成能带队、会管理的高管人才。其终极目的不仅仅是教给被管理者以经验、知识、技能，而是要让他自己能够有如何看待事物、正确思考问题的思维方式。

比如，现实中复读机式的说教指父母把说教成为一种口头禅，张嘴就来，出口成章，且可以重复做，不厌其烦。说教时的语言模式、行为模式、表情模式都是复制粘贴。导致造成一个常见的教育现象是：父母不停地说教，滔滔不绝，恨不得把所有的大道理都搬出来轮番上演一次，而孩子往往是面无表情，缄口不语。其实很多时候，父母也知道，这些所谓的大道理孩子们都懂，甚至早已让孩子耳朵长茧，产生免疫力了，但还是控制不住自己的苦口婆心。

而企业管理中也是如此，很多高层管理者，他们也会不小心变成了复读机。

他们的管理工作只是在制定、维持一套规章制度。但这套规章制度绝非他的原创：其他公司、本公司其他部门、总公司往往都已经有了这些规章制度。这些制度是一个从其他地方机械化抄袭来的复制品。相应地，主要管理人员也是一个复制品。他们没有自己独立看待事物、正确思考问题的思维方式。

梅奥国际一直强调一家医院想要经营好，做大做强，首先在管理者。想要做好成功的医院管理者，就必须得在管理上下功夫，摒弃那些家族经营理念。不是说家族企业没有发展的能力，只是说如果没有一个好的管理制度，家族式管理其实也会严重制约着企业的发展与突破。管理者必须制定科学合理的管理架构，不外乎明确各个岗位的责任，完善员工的利益保障，制定考核标准，工作流程化设计，精细化管理，提升执行力等，如果管理者没有执行力，又怎么能够管理别人呢？

经济学教授尼尔 – 布朗（NeilBrown）在《Asking the Right Question》（译为《学会提问》）一书中说道：“作为一个富有思想的人，对自己的所见所闻如何回应，你必须要做出选择。如果你不做出选择，不管读到什么还是听到什么都一股脑儿地接受，久而久之即习以为常，你就会把别人的观点当成自己的观点，是他人所是非他人所非……”

你喜欢从别人那里找答案，还是喜欢拥有自己解决问题的方法？结论是显而易见的，没有人愿意做一台复读机。不要成为别人的复读机，也不要把管理者培养成复读机，因为那是牙牙学语的“婴幼儿”做的事。

不当别人的复读机，也不培养自己的下属变成复读机，就需要拥有自己的独特魅力和人格力量。比如，乔布斯的现实扭曲力场，杰克·韦尔奇的说一不二，马云的鼓舞人心，这些人格力量通过他们的一言一行，造成了一个个独一无二的领导范儿。

如果企业里有两种管理者，一个独一无二生机勃勃，一个千篇一律如同复读机。你会更加欣赏谁？毋庸置疑，人人都会欣赏前者。

所以，培养管理者是要培养能够独立思考的人，而不仅仅是一味“给予”，如经验的分享，知识的灌输，技能的复制……而是要让被管理者具备和企业主及管理者相同的主人翁意识。

如果全体员工能做到与公司领导上下一心，那就是一股无可比拟的强大力量。而这种力量恰恰是大多数企业所不具备的，员工在企业里大部分是听从命令，内心抱着“要我做”的心态，面对的又是不断“给予”而不想自己“创新”的局面，可想而知怎么会有主人翁精神去尽心尽力。

另外，在大部分企业中，很多公司已经习惯了告诉员工们怎样去做，认为让员工自己做主是一种很大的风险，实际上这是一种错误的看法。交给员工一定的做主权，也就相当于给了员工一定的责任感，“主人翁”精神才会深入人心，表现在工作状态中才会更拼，更努力。

所以，真正的培养痛点在于如何让员工变“要我做”为“我要做”，才是管理者要思考的问题。

第四节　解决之道——升级思维认知，才能做对事情

常言道，顺势者昌，逆势者亡，用在任何一个领域都很有说服务力。尤其在这个移动互联网时代，我们要清楚地认识到，传统商业模式和传统媒体均已经衰退得相当严重，这点是有目共睹的。如果一个企业家或管理者看到了还装作没看到，或者根本没有去思考，去想办法提升自己的认知、追赶现在的大趋势，那么等待着他的只有失败。

只有升级思维认知，才能做对事情。

一个组织，管理者是带头人也是决策人。管理者的思想决定公司的未来。一个组织，首先是管理者把这个公司的构架先建立好了，然后才是员工的积极配合。如果连一个构架都没有，在没有形成一个规范之前，就算有员工，员工也不知道该怎么做，做些什么。

看历史我们都知道，项羽力拔山兮气盖世，被称为西楚霸王，但最终败给了刘邦。后人评说刘邦是最会当领导、最具备管理智慧的人。项羽的手下都是精兵强将，刘邦所率领的却是杀猪卖菜的乌合战队，但最终却不可思议地击败了项羽。是刘邦运气好吗？答案当然是否定的。既不是运气，也不是他的团队尽是人才，而是刘邦会用人，把平凡普通的人变成了可造之才。刘邦不仅会用人，而且会激励人。据修史所查，刘邦在青年时期，就曾游历天下，拜师学艺。学的不仅仅是知识，更多的是认知，是智慧。秦汉时代，普通人物落在刘邦手中，学会了正确认知自我，激发出他天性中最强的一面，顿成将相之材。

所以，要想在管理上实现突破，在企业上实现持续盈利并且能够长足发展，离不开升级思维认知。

在医疗行业，医院品牌建设是时代发展的必然！追求价值医疗和独特的市场定位，与患者建立有效连接和互动关系，培植品牌认知和赋能文化基因，与患者建立情感共鸣，与时代同频共振刻不容缓。

事实上，在激烈的医疗市场竞争中，医院除了拼技术、拼设备等硬实力外，更不能忽视管理模式和服务水平等软实力的竞争。如何将人性化理念融入医疗服务与医院管理的全过程，改变以往“病人来医院是看病，医院对病人是只管治病”的陈旧观念，树立医疗对象首先是“人”其次才是“病”的现代医学模式，将是现代化医院建设和管理的重要课题。

当一个组织逐渐发展起来，如何壮大并形成良性循环就是很大的一个问题。每个想要有长远发展的组织，都应与时代接轨，要跟上潮流趋势。凡是与社会发展脱节的组织，都很难存活。

社会在进步，科技推陈出新。这个时候，作为公司的决策人和领导人的角色就显得至关重要了。你的思想会决定企业的发展，你的思维深度能带动员工更上一层楼。这些都要看管理者的个人思维观念、看待事情分析问题的能力。如果管理者是与时俱进的，主动吸纳先进的理念，灌输给企业的员工，那么当全部的人都执行起来的时候，这个企业就会得到长远的发展。

尤其随着时代不断发展，未来的世界是数字化的世界，商业的数字化是基于个体生活的数字化。另外，从管理的角度来讲，个体力量崛起，我们今天的很多互联网企业，很多的所谓现代化的企业、新经济的企业，都把对员工的尊重摆在了最重要的位置，个体的释放摆在重要的位置。这也促使企业领导人去思考和变革，把人的重要性放在首位。如同管理之父稻盛和夫讲的那样，公司运营的第一目标，不是为了股东利润，也不是为了客户利益，而是为了公司员工及其家属的幸福。他坚信，一个公司无论规模多么大，只要建立起员工心有所属的平台，就可以释放全体员工的地头力，公司就可以持续拥有竞争力了。

我想只有秉持这样的经营和管理理念，才会站在员工的立场上去想问题，才会在组织团队管理过程中注重赋能而非管控。这样也才符合真正的思维和认知的升级，管理者提升自我的同时，也能够带动员工提升，企业未来才可期。

第二章 组织团队管理注重赋能而非管控

第一节　管理的两大核心：组织变革和人才创新

管理面对的两个事情，说的通俗直白些就是：公司做的事，以及做这些事的人。用专业术语来定义，公司做的事无非是组织，做这些事的人无非是员工。能把组织管理得井井有条，能把员工领导得所向披靡，这才是管理的最高境界，也是管理中最重要的价值。

组织管理的好坏直接关系到绩效能不能实现，这是任何管理者都绕不开的话题。另一个话题则是如何让“人”在组织中有意义。否则，无论多好的组织形式，如果没有人才并肩作战，也会使组织成为一盘散沙而走不长久。苹果创始人乔布斯在别人采访他时坦言：苹果之所以能够成功靠的不仅是强大的技术和个人的领导，更是团队的协作能力。

所以，组织变革和人才机制的创新已经成为中国大部分企业所面临的核心管理问题。组织需要变革是受当下日益发展的经济社会和消费者需求决定的，消费者需求倒逼组织做出变革。

由于互联网的透明化，信息共享以及未来区块链出现，人人都是一个中心，未来的企业或组织只有真正做到以客户为中心，以员工为中心，激活组织，释放人的价值、活力与创造力，才能适应当下这个经济社会。

无数公司的兴衰表明，企业的失败很少是因为战略目标不高或者是没有抓住机遇，更多是败给了组织内部无法革新和没有进行人才机制的创新。比如，曾经的手机巨头摩托罗拉、诺基亚。他们的管理者也看到了互联网时代手机需要智能化，消费者的需求发生了改变，而他们却没有做出组织变革，没有走出组织惯性，他们不愿尝试新的改革和重组，躺在成功的舒适区里，一觉睡到没有醒来。懒于变革，不想进行人才创新机制的企业，最终的结果只有一条道走到黑。

随着中国社会发展及公民对健康意识的提高，中国的医疗健康产业高速发展，因此，医疗领域对人才的需求量也在不断增多。在医疗新形势的齿轮转动中，医疗组织创新和人才变革至关重要。

近年来，很多医院和医疗行业推动“智慧医疗”项目的研究和发展，比如，实现了社区居民健康档案管理系统构建、网络平台预约服务、在线诊断、诊费移动支付、远程接收诊检报告、个人健康大数据分析等功能和应用，充分证明了互联网信息技术的普及和发展为医疗卫生服务领域带来的创新性变革。“智慧医疗”的出现为进一步提高公共卫生服务质量，推动人口健康信息，医疗卫生信息、医疗服务管理的共享化、标准化和信息化起到了至关重要的作用。

当前，医院已不仅仅是盈利性、福利性的卫生事业保障单位，而是一个知识密集，多学科、多系统高度综合，经营相对独立，高风险、高竞争的经济实体，正经历着体制转轨带来的深刻变化。

无论是企业还是医疗行业，组织变革重点都集中在管理模式和技术因素上。

其一，如果组织只按照传统的管理模式，领导高高在上一言堂，是无法做到让员工信服的，哪怕管理者看到了未来的发展方向，也能有一个好的战略规划，也可能最终败给组织的惯性，组织能力不能保持，从而无法实现战略目标。

其二，时代在发展，任何昨日强大的技术都得让步于不断发展的数字和智能化。组织中以往管理者与被管理者，经营者与消费者之间的连接关系都会随着数字化、连接化、智能化实现重新定位。

比如，华为、京东、小米、韩都衣舍、海尔等知名企业，他们之所以成为各自行业领域里的龙头企业，跟他们积极进行组织变革和人才创新脱不了关系。

组织变革和人才机制创新是相辅相成、缺一不可的，组织要实现变革，人才机制的创新更是重中之重。因为，组织的绩效和活动能有更多的方法来解决，但人怎么办？因此，如何进行人才创新将是管理遇到的更大挑战。

组织的相关程序和流程都可以进行标准化，可量化，甚至随着人工智能的发展，大部分的部门和工作都可以由人工智能取代。唯一不可被替代的是人的创造力，这也是一个组织人力资源的价值。管理者要经常问问自己“我管理的人，怎么才能为企业创造价值，如何让每一个组织中的人都具有存在的意义”。在未来的组织管理中，管理者最核心的能力和价值就是能够带动人、激励人，给被管理者真正赋能，激活他们内在潜藏的能力和价值。

因此，在这个人人都会成为被打劫者却又找不到对手的时代，企业管理者需要敏锐地意识到组织要想长足发展，离不开时时保有变革的精神和人才创新的意识，使组织充满希望、效率和能量。而这些都离不开企业进行的“自我激活”，激活的方式就是对组织内部赋能，对自己的管理知识和管理思维赋能，对自己管理的员工赋能。需要做好核心的两件事：一是不断放弃自有的舒适区，寻找更多的突破口；二是不断了解外部环境，努力提升管理水平和能力。

第二节　互联网时代下的团队管理：从管控到赋能

如何区别管控和赋能，我们看两个管理场景：

场景一：管理者严厉，公司的规章制度定得非常严格且没有商量的余地。公司规定，每天早上九点必须到公司，如果迟到五分钟之内，每分钟扣一元，如果迟到十分钟之内，每分钟扣五元，如果迟到三十分钟之内，按旷工半天处理。下班如果忘记打卡，按早退处理，扣三十元。有事要写请假条，如果没有请假条按旷工处理，扣除三天工资。病假要有三甲医院出具的生病证明，如果没有证明按旷工对待。该公司的员工怨声一片，面对如此严厉的考勤制度，每天迟到的人依然不在少数。同时，人力主管的工作并不好做，经常由于员工病假拿不来医院证明，与员工发生争吵，办公场所弥漫着一种紧张又无奈的情绪。

场景二：管理者管理具备弹性，公司的规章制度制定比较人性化。员工只要把手头工作处理到位，允许迟到早退甚至在家办公。让员工可以自主决定工作时间，决定工作进度和最终的结果。只要员工能够完成单位指定的工作任务，以电子通信为手段与单位沟通，不用必须面对面汇报，单位允许员工在家里或在离家很近的其他办公室中完成自己的工作。

从以上两个场景我们一眼可以看出，第一个场景管理严格但缺乏变通，导致员工不愿意来上班，只是不得不来，非常被动；相反，第二个场景，员工肯定愿意上班，因为上班感觉比在家舒服，不被过多约束，有自己的节奏和安排。

在我看来，第一个场景体现的是管控，第二个场景体现的是赋能。

数字化时代，变化的速度日新月异。传统的管理方式如果仅仅停留在管控而不是赋能上，则会让管理遇到诸多问题，每个管理者都应该会从命令控制式管理走向授权赋能式管理。

因为，每个人都有被尊重的需求，尤其是企业中的人才。随着互联网的发展，企业中的员工大部分是“90后”甚至“00后”，这些年轻人有个性，自主意识增强，对管理者提出了更高的要求。对自主和个性的尊重、机会的提供、赋能与发展空间的需求越来越大。为适应人才的新需求，企业要创造更宽松的环境，管理者要有意识地去做一些尝试和改革：

让员工觉得工作有意义，个性被尊重，这样才能更自主地创造价值；

让员工对工作有一种使命感，觉得努力工作的意义不仅仅是为了钱，才能更有意义地创造价值；

让员工拥有不断提高技能的成长环境，并能够让自己的知识和技能跨界整合，有综合作战能力，这样员工才能越干越顺畅；

为员工提供更好的工作场景体验，让员工拥有良好的工作经验，从而激发创新的活力。

能做到这些，或者管理有意识地去这么对待员工，就是逐步从管控向赋能迈进。

管控表现出来的是管理者"自上而下"的策略，管理者指出员工需要怎么做，怎么改变，通常的做法是召开大会，领导和管理者提出一个想要改革的方案，希望各级、各部分积极响应来一起变革。但现实是，绝大多数被管理者是不能够与管理者站在同一个思维高度的，因此会产生感觉不清晰，对变革充满困惑的情况。其实根本原因是被管理者缺乏主人翁意识。

而赋能表出来的是管理者"自下而上"的策略。比如，放手让前沿的团队去做，被"赋能"而产生变革，往往一个个团队单独行动，也许他们能创新地解决一些迫切问题，短期效果显著，同时能够带动其他部门来效仿，从而产生联动效应。

在《重新定义公司》一书中，曾鸣在撰写的序中提道："未来组织最重要的职能是赋能，而不再是管理或激励。”这就说明，管理者不能再运用工业化时代的管控思维来开展业务、带领团队了，必须发展出与组织的赋能职能相匹配，与互联网时代的精神相适应的全新领导方式。

用管控思维做管理只需要做一件事，就是在严苛制定制度的同时，让员工取得绩效、实现盈利目标。所以，在大部分情况下管理者和员工都在讨论怎么完成业绩，怎么实现目标。而赋能式的管理模式则是把“人”提到了一定的高度，如何让人在企业和组织中变得有意义。只有如此，才能解决效率与真实的顾客和企业在一起的问题。否则，哪怕你的制度再严格，管得再到位，最终员工体现出来的都是表面服从，内在不服；你在的时候假装很忙，实际并没有多大成效，你不在的时候那就更谈不到自主自觉去做事了。

在高效运营的时代，真实的价值极度稀缺，并且极为重要。一定要解决虚假忙碌的问题。如果员工看着每个时间点都很忙，但是统和起来没有整体价值，就是虚假忙碌。

在传统的管控模式中，通常一个团队都是按照相同的工作岗位来划分，同一个团队中的成员岗位工作、技能都大致相同，然后有优秀的、一般的、不怎么样的成员，还有新人、老人这样的搭配。而赋能型的管理模式，组织结构要把最优秀的、不同岗位和技能的人集合在一起，让他们去解决最困难的任务。

所以，未来的趋势就是用赋能思维代替管控思维，把优秀的人聚在一起，一起做富有成效的事情，而不仅仅是听令于上，却在假装忙碌产生不了效能。

第三节　新雇主经济时代的员工赋能管理模式

随着互联网经济的兴起和新生代员工步入职场，原有的员工管理模式越来越不适应时代发展，管理者开始思考一种新的管理模式。当然，“管控式”的管理已经落后，大部分管理者认为，“激励型”的管理模式也将落后。放眼未来，管理者只有实施“赋能型”的管理模式才能符合时代主流。

那么，赋能型管理模式究竟是什么呢？所谓的赋能型管理模式是指通过授予员工工作的自主权，增强员工的工作能力并调动员工的积极性，从而让员工觉得工作有意义，自我在组织中有价值，从而产生一种自我催促，自我奋进的工作使命感，释放强大的动力，成为组织中优秀的一分子。

这种管理模式的关键还是减少自上而下的控制，让被管理者拥有更多的权力，从而有更多决策和行动的自主空间。如果在传统的管理中，处于管控一方的管理者拥有指挥权、控制权、协调权、激励权的话，那么，赋能型管理模式减弱了管理者的指挥权，实现了权力重新分配。来激发组织活力，为组织其他方面的变革和创新奠定了基础。比如，1998 年，张瑞敏正式提出企业的“内部模拟市场化”，在海尔内部全面推行“市场链”流程再造，并提出了“人人是人才，赛马不相马”的全新用人理念。再如，美的集团从1998年开始效仿松下公司，全面推行事业部制改造，并形成了以“集权有道、分权有序、授权有章、用权有度”16字方针为核心的“事业部分权体制”，直接促成了美的新一轮高速增长，2010年，美的集团销售额达到1050亿元。至今这套分权体制依然是美的集团核心竞争力的重要来源。

无论是海尔模式还是美的模式，根本还是在于实行了赋能型的管理模式。

传统企业的管控式管理模式以领导为带头作用，领导能力强，则团队带得好，企业就能跑得快，赚钱的效率高。反之，领导不优秀，企业就会变得僵化、亏损甚至解散。

赋能型管理模式，让企业的各个部门都能成为独立的盈利中心，所以一定要抛开“行政组织架构”的固有观念。赋能型的组织架构，比行政组织架构更加有效率。

有家企业，在进行赋能型管理模式之前，主要采用功能型组织结构，设置了这样几个职能部门：生产部、销售部、市场部、财务部、研究与发展部、人力资源部等。每个部门都几乎没有什么独立性，都由企业高层领导直接进行管理，实行集中控制和统一指挥。这种传统组织结构的优点就是直线管理，一级对一级负责，责权分明，机制简化，号令统一……这种方式便于统一管理，无形中也就提高了内部专业化的程度。此外，还能将决策权掌握在高层管理者手里。但缺点也显而易见，决策权在一个人手里就不会形成制约，最后出现的结局，成也领导，败也领导。

而采用了赋能管理模式之后，工作流程就成了工作的中心，并不是由部门职能去构建组织结构。企业组织架构得到细分，最底层的部门同样能够最大限度地发挥出公司的整体能量。最为重要的是，经过组织划分后，所有员工的责任就会精细，必然会萌生出一种经营自家企业的意识，工作上也必然会更加积极主动，进而公司的效率也会越来越高。

说到究竟，赋能就是企业给予员工的是一个平台，平台提供各种各样的机会，你做好准备了，你就能抓住机会，在这样的平台上，每个人的梦想能够实现才是目的。直接的说法，赋能 = “成就员工”。

只有学会赋能，管理者才能真正做到：塑造员工的同时，员工也在塑造管理者；成就下属的同时，下属也在成就管理者；推进业务的同时，也在业务中磨炼人。

如何给团队赋能，可以从以下几个方面进行。

第一，关注员工成长。既然是赋予员工更多工作中的自主权力，那么就不要把关注点停留在绩效上，而是要把关注点停留在创出业绩的人身上，关注员工能力的能长，企业尽最大的可能让员工去学习和提升技能，只要领导的导向正确，员工的能力成长了，绩效是水到渠成的事，并且更具备持续性。

第二，领导要充分放权。赋能型的领导与管控型领导最大的不同在于，是否敢于放权，赋能型领导不会事事亲力亲为，更懂得授权给团队，敢于让自己的属下做决策，适当并充分的授权，不仅会让团队成员工作中更具成就感，更能促进他们更快的成长，还能让管理者有更多时间自我提升和思考哪些决定团队发展的关键事务。

第三，让员工找到成就感。赋能最核心的问题就是要让员工找到工作中的成就感，这样员工才能感觉工作是有意义的，才能激发员工内心的使命感和创新意识，从而在工作中不断提升自己想要去做得更好。

第四，让员工有可供执行的流程和标准。赋能不是独自唱戏，群魔乱舞，一定要具备一套可供参考的流程和框架，有可参照的框架结构和流程标准或工具表单等，才具备更便捷、更科学的执行性和复制性。

第五，具备更新和迭代。拥有赋能型管理思维的领导反而会在管理上更加精益求精，不断带领团队突破自我，勇于开拓进取，能够及时进行查漏补缺，他们懂得带领团队保持持续更新是在未来确保成功的关键所在。赋能型领导，他总是赋予团队能量、动力、动机，团队也会赋能给领导；他总是在成就团队，团队也反过来成就他。

能做到这几点，管理者就会在赋能管理模式上渐入佳境，找到属于自己团队的科学合理的赋能模式。

第四节　解决员工意愿是赋能第一要务

真正的管理，用最简单的话概括就是：管理者有办法让员工去做一件事，而这件事是员工心甘情愿要做的事。

在职场中，很多管理者只注重员工的能力，将工作效率低、工作态度散漫导致项目没有达到期许等问题都归于员工能力底下，常常以事为导向。而实际上，事的背后是由人来完成的，而人的问题，往往要解决的是意愿的问题。

每个人都有很大的潜能，只是有时候有没有责任感，有没有主人翁精神，一旦具备了责任感和主人翁精神，潜能也就随之被激发。为什么管理者能赚大钱？因为管理者专心做事情，如果单子收不回来，这事情搞不定，公司倒闭了，就逼自己，最后把自己逼成功了。好多员工为什么当一天和尚撞一天钟，不逼自己，得过且过，混日子呢？这完全是没有解决员工的意愿问题导致的。

一个企业或组织，管理能否贯彻到位，取决于“知不知、能不能、愿不愿”九个字所构成的三个机制层次的实际状态，无论是对外部、还是内部都是如此。价值观和运营系统决定了企业和内部员工“愿不愿”，约占60%的比重；组织、培训等资源性的因素决定企业和内部员工“能不能”，占比30%；管控与考核决定企业和内部员工“知不知”，是保障性因素，占比10%。

以往，人们对员工积极性的含义缺乏深究，在千方百计去调动积极性后，真正被调动起来的是员工对金钱待遇的执着追求。在分析如何提高“积极性”之前，管理者需要首先明确，应当如何确定“积极性”在组织管理中的正确认识和定义。

员工积极性应该指员工主动付出智慧的意愿和行动。理解了这一点，我们就可以好好反省至今为止的一些管理方法和管理手段，看一看哪些是伤害员工主动付出智慧的制度和做法，以便采取措施和调整政策，改进我们的管理工作。有了正确的定义之后，也就知道该用什么指标来衡量员工积极性了。

如果员工对自己的组织和管理者缺乏安全感、归属感和荣誉感，自然而然就不会生出“心甘情愿”的主人翁意识，如果在思想未统一的组织里放权给员工，可能会适得其反。也就是说，如果大家没有共同愿景，对企业运营的现实没有共同分享的心智模式，放权只能增加组织的压力，削弱组织的创造力，并加重组织协调和维持运营方向的管理负担。

所以，赋能管理模式不仅是放权，更主要的是解决员工意愿问题。意愿是行为最原始的动力，意愿在前，行动在后。如果员工没有意愿，只是管理者一个人唱独角戏，再好的管理最后都会付诸东流。

被誉为日本管理之父的稻盛和夫曾说，凡是经营不善的公司，往往有许多缺乏独立自主精神的员工，他们为公司创造的利益还不及自己得到的工资，等于是公司养着他们。要让员工具备和企业主及管理者相同的主人翁意识，如果全体员工能做到与公司领导上下一心，那就是一股无可比拟的强大力量。而这种力量恰恰是大多数企业所不具备的，员工在企业里大部分是听从命令，内心抱着“领导要我做”的心态，可想而知，怎么会有主人翁精神去尽心尽力。

另外，在大部分企业中，很多公司已经习惯了告诉员工们怎样去做，认为让员工自己做主是一种很大的风险，实际上这是一种错误的看法。交给员工一定的做主权，也就相当于给了员工一定的责任感，让员工有了想要去做的意愿，一切看似管理的难题都会得到解决。

我们身边发生的很多事，都可以用“意愿”二字解释。

比如，当管理者遇到一个有个性的员工说：“我就愿意这样做，你能把我怎么样？！”

睿智的管理者不会说你不服我管不行，我是领导，而是会说：“你愿意这样做啊，那小伙子，你去把这件事做一做吧，如果有什么需要支持的随时跟我交流啊。”于是，皆大欢喜。

所以，就像我们常听的一句话“掏钱难买我愿意”。解决员工的意愿问题很值得研究。如果能解决好个人工作意愿，你就是一个很好的员工；如果能解决好他人的意愿，你就是一个很好的管理者；解决他人的意愿越多，领导的人也就越多，相应地，你的企业也就越做越大。

常见的员工意愿有：

自主工作的意愿：在管理者与员工双方商定的要求之外，员工在多大程度上愿意代表组织自主开展工作。如果员工有自主工作的意愿，领导就要积极促成，放手让其去尝试。只有这样，员工才能更快地成长。做对了积累了经验，做错了收获了教训。不怕员工做错，就怕员工不去做。

表现的意愿：有一类员工，个人能力出众，除了在做好个人本职工作之外，还能积极帮助组织其他部分员工成功。这样的人才要重用，有表现意愿的员工能够起到榜样和带头作用。

被认可的意愿：一个人的努力往往希望被看到，被领导重视，如果发现员工有被认可的意愿，聪明的管理者就要施以奖励或公开表扬，让其感受到自己工作场所的良好氛围，对其他员工也能产生积极的影响和推动作用。

留任意愿：如果一个员工在一个组织心存愿景，不论是管理者个人魅力还是组织的未来能够吸引这个员工有留任的意愿，作为管理者一定要重视和珍惜。尤其是白手起家的企业，老员工是公司的财富。

带动别人的意愿：员工在很大程度上愿意支持同事并在行事方式

上尊重、体贴和敏感地关注他人。这样的员工是团队的领军人物，一旦得到重用能够起到领袖的作用。

学习提升的意愿：如果员工有不断提升自己，学习更多能力的意愿，领导要大力扶持，不要怕庙小留不住真神，管理者如果把自己的员工培养成了真神，那么你的庙宇也会越来越大，香火也会越来越旺。因为，企业就是人干出来的。有得力的员工，才能有蒸蒸日上的企业。

管理者要用观察孩子的眼光去发现员工，我们发现孩子的身上有很多值得学习的优点，比如，对于新鲜事物，即便是有文字、语言等障碍，但只要愿意，总能琢磨出玩的方法，这就是意愿。意愿的改变伴随着能力的变化，我们的管理者能够意识到"成就他人就是成就自己"，才会更加科学地进行人才管理。

意愿有，心就在；以意愿提高能力，以能力创造价值，这是留对人后的作用。有心就有人力资本。做企业，员工心留住了，企业就存在；员工心跑了，企业离破产也就不远了。

第五节　以人为本是打造赋能型组织的关键

解决了员工的意愿问题以后，下一步组织管理者要着重把力使在打造团队建设上，而团队建设离不开我们常讲的"以人为本"。因为，每个人都有一颗进取的心，作为公司的管理者，有必要给员工这样的机会，只有这样才能激励员工。如果员工对工作不热心，那是因为人事管理问题。能够让员工有意识地为企业工作，这是“以人为本”人事管理的最高水平。

诺基亚曾经有句传播语：科技，以人为本。马云说：“优秀的人才，工资再高都是免费的。”可见，以人为本是人力资源的核心竞争力，员工是企业的重要资本，企业的竞争，关键是人才的竞争。企业的发展，关键是人的发展。从这个意义上来说，好企业的根基离不开人才。

比如，员工与顾客只会走进有笑声的企业。如果员工不满意，没有幸福感，他怎么可能表现出良好的状态？他又怎么可能产生出好的业绩？提供客户满意的服务？所以，先服务于本企业员工，让他们找到幸福感，他们才能代替企业去更好地服务客户。

我在几次公开演讲的活动上问一些企业管理者“人力资源的初心是什么？”台下观众的沉默我仍然记忆犹新……

在我看来，人力资源的初心就是“以人为本”。只有先做到对内以员工为本，才能实现对外以客户为本。

管理者用来调动员工积极性的方法之一，就是让所有的员工都觉得自己是组织的合伙人。让员工知道组织是如何运作的，了解自己部门之外的事情。当员工觉得他们很适合自己的工作，他们的工作对公司很重要时，他们会更加出色地工作。让员工了解公司的历史可以帮助他们建立更多的自豪感和归属感。如果可以的话，告诉他们如何解读公司的年度报告。要想最大限度调动员工的积极性，就要让员工对自己的工作有更多的掌控权。帮助员工建立归属感，尤其是让员工觉得自己是组织的主人，这是很关键的。

如果我们的企业管理思想，领导力水平还停留在工业1.0时代，限制员工的行为自由，限制员工的思想自由，把人当作工具，就不要再抱怨为什么招不到人，留不下人，用工成本增加，招不到干活的人。

当然，以人为本不是单单停留在口头上，喊喊口号而已。而是要实实在在地进行分解、落实到管理和行动中去。不喊以人为本并不意味着不以人为本，而是通过更精细化的管理动作让人的感觉和体验变好。“赋能”这个词的潜在含义就是做到“以人为本”，赋予人更多的实现自我的权力和自由。

赋能型组织就是能够使其内部员工向着企业所期望的方向转化的力量。它包括三个方面。

首先，明确每个员工的权限。赋能型的组织不再是管理者一人专权，而是下放权力，让公司由多个独立核算的小组或部门来经营和管理，各个小组织就像是一家家的中小企业，在保持活力的同时，充分发挥每一个员工的智慧，追求附加价值的最大化。

其次，信任每个员工的能力。可以从公司内部选拔管理人员，并委以经营重任，从而培养出许多具有经营者意识的领导。相信员工的能力，把经营建立在互相信任的基础上，这是实现赋能型组织的最基本条件。

最后，唤醒员工的激情和梦想。员工真正想去做一件事情的时候，才能产生无穷的力量。要想成就一番事业，首先要有激情，只有胸怀激情的人去努力才能取得成功。而赋能型组织模式的核心就在于唤起每位员工心中的创业激情与企业家精神。

做到这三点的管理者，事实上也符合了企业的“利他之心”。企业要通过各种途径培养员工的经营能力与战略能力。领导要做心胸宽广之人，不要死守权力，而是主动为每个员工提供一个自由发展的平台，信任每一位员工。员工由于感受到被信任，也会主动去做好自己分内的事，为企业创造更大的价值。

所以，打造赋能型的组织管理模式，管理者要有“以人为本”的思维和境界，才能真正赋予员工能量，打造一支超强的作战团队。

第三章
企业赋能者的原力觉醒

第一节 “三个要”的必然趋势

综观当下各行各业，转型已成为企业新常态！如何在转型期打造顺势可为的“人才战略”，是促进企业转型成功基业永续的关键所在。

在新兴业务转型推动的背景下，赋能，就是赋予企业人才以适应转型时代的需要，给予他们新知识、新技能、新观念的萃取、分享和沉淀也正成为人才战略落地推进的要事之一。在之前的13年我一直从事企业“赋能”管理的工作，虽有艰辛但并未困顿。近年却常听身边同行吐槽“工作难做”，苦痛之情溢于言表！究其痛症，无外乎传统赋能方式已无法满足现在受众对象所需。

而这些诉求放大了看，其实是移动互联网时代，或者说是“微时代”的普遍性特征。移动互联网的到来，让实体店全面溃败，零售业面临鏖战，金融业忍痛转势，甚至连“相亲”这种比“培训”更需要面对面完成的事情也发生了变形，全面转移到了互联网社交平台。

我们所处的时代是一个快速发展、日益更新的时代，互联网让资讯和内容传播速度变快，带来的影响也变得新颖而多样。

举个最简单的例子，韩剧《来自星星的你》大火的时候，街头巷尾大姑娘小媳妇都爱上了屏幕男神都教授，但真正火的却是炸鸡配啤酒。随着手机成了每个人的必须品，刷微信看朋友圈，查看订阅号等成了人们日常的必需。把之前“大海啊全是水，大马啊全是腿，看手机的傻子啊正咧着嘴”活生生演绎成了真实场景。每个人每天都拿着手机咧着嘴，不是玩抖音，就是看火山小视频。人们普遍发出感慨“一月不刷手机，情商变低”。别说一个月，一个礼拜不刷手机，你都不知道这个世界怎么样了，不知道你的朋友发生了什么……这种种迹象说明了什么呢？

说明时代的发展对我们每个人的学习产生了不可估量又非变不可的影响。

当“80后”“90后”的新生代们成为管理者和被管理者，作为管理者，不得不面临的是如何让这些被贴上“独一代”和“我能”性格标签的从业者们踏实地植根于产业土壤中，并成长为新一代的管理者是每个赋能者要思考和解决的问题。

移动学习的时代已经来临，企业培训要的是效能和质量，学员对培训的要求是简单、有效和体验。我们研究发现，他们的需求可总结为“三个要”：要简单直接、要高潮体验、要持续回味。

简单直接，很好理解，作为管理者或赋能者，你要讲给你的学员或员工的知识最好是简单直接拿来就可以用的。如果你的理论和知识太过高深，他们没有太多的时间来消化你的长篇大论，最关键的是你如果没有直接简单的东西先入为主，在资讯发达的今天，别人一定会超过你提前占领学员的认知思维，你的知识和理论还没有灌输就已经过时。

高潮体验，说的直白些就是要让学员或被赋能者有参与感，互动性，并且能够在参与的过程中体验到崇高感，只有通过情境的体验学习来发现不足，总结经验，然后反思从而建立新的认知。如此一来，不用再走传统的老路，管理者讲得唾沫乱飞，学员听得昏昏欲睡，通过改变以往一味说教、学员被动倾听的方式，能充分调动学员的积极性。另外，在体验的过程中每个人能体现自我最真实的一面。人都有自己的思维和看事物的方式，学员通过亲自体验和参与过程，能够参与、目睹、自己与团队共同分享，得出新的“认知”，能够让学员更容易理解和接受。如企业想推动某个变革，或实施某个制度，或者想要成为员工的赋能者，为了达成员工的统一理解和共识，就可以采用体验式学习的方式，让员工参与进来。这比领导单一的要求、命令，或者简单的下发，就期望员工理解和共同执行要好得多。其实，这也是企业从战略思考到执行落地之间的重要一环。

持续回味，任何赋能培训如果做不到让员工和学员反复咀嚼不断回味的话，基本是不成功的。只有学员持续回味才能不断体会个中滋味，才能根据这种思路和知识提升自己。如果培训结束却没能在学员心中留下任何印象，说明两个问题，要么赋能者没有讲到精华，要么学习者没有吸收到精华。员工不断回味才是自己成长的直接体现。只有自己的成长速度远大于团队平均速度，才有资格晋升或保持现有的岗位。

所以，企业赋能者对员工要认清“三个要”的必然趋势，在培训和带领团队的时候侧重这三个方面去把控，真正做到授人以渔又能真正钓到鱼。

第二节　企业内部的“三股清流”

人才的竞争无论是在传统行业，还是新型行业；无论是传统经济时代还是互联网时代都离不开知识、技能、经验，同时这三者又是时代的稀缺资源。所以，企业内部的管理和培训需要源源不断的三股“清流”，就是知识、经验和技能。只有让这股源头活水在企业内部流动起来，才能拥有超前的、不被颠覆的管理和赋能思维。

企业需要建立一个能力池，把各种有知识、特殊技能、经验的个人加入到自己的管理平台，然后打包整合，把合适的人用在合适的岗位，真正实现人尽其才。

知识，是一个人解决问题和做事情最根本的资源，平时表面上似乎看不出来知识是什么，但知识能够被合理组织和再加工，最后成为解决问题的有力武器。比如，马云之所以创下阿里帝国与他早期过硬的英语口语脱不了关系，如果没有这个本领，他怎么能够打动外国的投资者，又怎么能够进军互联网电商。

技能，是建立在知识上的升华和拓展，相较知识而言，技能更能用在平时的工作或做事情上，更实用，对一个人做事或处理问题的效率很有帮助。技能更多是一种操作能力，是对知识的一种运用能力，完全可以通过不断地练习来提高，熟能生巧一般说的就是技能。

经验，是结合知识和技能再通过实际应用获得的实用知识，是在真操实练中沉淀在记忆中的，经过检验以后的知识，较之知识和技能，经验更有价值。

以新加坡医院的人力资源管理理念为例：

新加坡医院十分重视对员工的培养，将员工的前途与医院的命运紧密相连。由员工与其直接领导共同参与，根据每位员工的自身情况，讨论和制订系统的发展培训计划，以激发每位员工的优势和内在潜能。通过高效灵活的员工激励机制，系统提升员工的知识、技能和经验水平，医院充分利用激励机制，调动员工的工作热情和动力。医院设有不同等级奖项，分阶段评选出表现突出的员工，给予奖励；医院重视员工反馈，设立员工意见网站，收集建议和意见。有的医院设立了“爱心服务奖”“医院高级管理服务奖”等多种奖项，通过奖励、表彰、内部通信等多种形式对员工的成绩予以认可和表扬。医院建立各种文化活动场所，组织员工参加各种文娱活动、义务劳动和体育比赛；提倡员工做医院“大使”，为维护医院声誉做有益的事；每家医院都有自己的院歌、院徽、院训，对员工进行团队精神教育，形成院兴我兴、院衰我耻的精神文化氛围。

企业管理者或企业内训师，在做人才赋能的时候，就要本着“总结经验，分享知识，学习技能，一起进步”的原则，让每一个人都能成为又专又红的萝卜，可以同时盯好几个坑。

一旦让“知识、技能和经验”在企业中流动起来，就会有一种思维，这种思维能够让企业做出与众不同的成绩，而不是陷入模仿和追随别人的旧模式里，最后只能是追着别人的节奏跑，把自己活成了别人的山寨版。我们看到那些又牛又红的企业，他们的办企理念很少是模仿别人得来的。如京东、老干妈、褚橙、江小白、海底捞……他们的成功源自于第一原理思维，就是不用比较思维去改变事情，而是直接回到事物本源去思考问题，最后才能拥有自己的特色和竞争优势。

为什么海底捞的员工流失率低？为什么京东的员工能使命必达？这些企业的用人之道非常值得我们探索和思考。

当你的企业文化或管理之道或培训的精髓变成了第一原理思维时，你就能把自己的员工打造成拥有独特知识、技能和经验的人，然后他们个个都有了自己的特色，这就是一支良好的队伍。

举个最简单的例子：

如果父母眼里只看到“别人家的孩子”，看到别人家的孩子优秀，每天上补习班，学跳舞，学画画，学音乐，然后就坐不住了，也学人家的样子，把自己的孩子也送进补习班学画画、音乐、跳舞。但事实是，你的孩子根本对这些没有兴趣，他有他的特长和爱好，而失败的家长却没能发掘自己孩子的兴趣和潜力，却把目光一直盯在别人家孩子的身上。

企业管理同理，一个好的管理者和赋能者，他首先是一个不走寻常路的人，能够看到每个员工的不同，不追随不模仿，然后去挖掘这个人的兴趣和潜力，让他释放独特的知识和技能。

组织的良好有序发展需要每个成员的协作和配合，进而完成一系列活动。因此，组织不仅需要承认并且尊重成员的独立性，而且更加需要采取行动，充分激发个体的创造性，让个体和组织更好地融合。

野中郁次郎在其著作《知识创造企业》中提出了“知识螺旋”，也就是知识在组织内部的创造和流动情况，组织本身并不产生新知识，知识都是个人由隐性的转化为显性的，然后由个体知识逐步沉淀为组织群体的知识，最终成为系统显性的组织内部知识。而这个组织内部知识流动的过程，就是组织内部人与人互相影响的过程。这个影响可以是知识的影响，也可以是技能的影响，最终都能发展成彼此习得的经验和总结。

这是一个极具挑战的时代，组织在不断变化，赋能者也要改变，这个改变就是要看到每一个个体也在变得更加强大，他们所拥有的知识、技能、信息以及经验，让自身可以更加明确地了解自己的需求与价值。

随着更多的组织成员成为知识型员工，他们对于自我有着明确的认知，对目标有着清晰的认识和追求。所以，作为一个赋能者，在兼顾企业价值的同时，更多的心思要放在兼顾员工价值身上。只有让“知识、技能、经验”这个核心竞争力在企业内部流动起来，才能实现企业和员工的共同价值。

第三节　赋能者要扮演的“三个新角色”

经常听管理者倒苦水：团队的人越来越多了，但管理越来越难了。团队中能力强的不服管，老实巴交好管的又缺乏创意和点子，自己重视的人稍有不慎就跳槽跑路，下面的人不配合，顶头上司还随时会进来打乱节奏，自己凶一点就被人说摆架子，自己软一点又说没有魄力。管理咋就这么难呢？

管理的确不是件容易的事，不难怎么会历朝历代，大小企业都在研究这个管理难题。

管理者之所以不容易，因为要想管理好别人，先得管好自己，要想成为赋能者，自己得扮演不同的却是高相关的角色。同时，还要成为知识的传递者、分享者、创造者。让企业内部的知识和技能呈现出“知识螺旋”。也就是说，管理者不仅仅是为了管控好你的手下，还应该使团队成员能够主动地选择知识、运用和改造知识，从而促进更好的发展。知识螺旋是知识创新所呈现的螺旋上升的过程。通过各种方式将本属于个人的知识变为员工个人的知识这样一个过程，即隐性知识向显性知识转变，显性知识通过知识管理工具进行加工、整理、总结，变为另一种更加容易获取的显性知识，员工学习显性知识后变成自己的隐性知识，从而提高员工的知识与技能。知识起始于个体，通过人与人之间、部门与部门之间的交互作用而不断增多，使个人知识在组织范围内拓展，并使之具体化，进而转化为组织内知识网络体系的一部分。

所以，基于组织知识螺旋，可以将知识传递的职能分配给三个赋能角色来完成：

创造者：进行组织经验萃取及具象化，即内容开发。

分享者：通过演讲授课，组织智慧向个体转移，即分享传递。

思考者：根据战略要求系统整合，建立全新的内部赋能连接模式，即资源整合。

任何一个企业赋能者都要成为具备“创造者、分享者和思考者”三位一体的人，才能带动和管理好自己的团队。

创造者，顾名思义就是能够把旧有的模式改良，旧的制度重组，旧的思维模式打破的这种人。企业的赋能者就是要有这样的能力和气魄才行，在管理制度和激励措施上要做到以人为本，多样且有针对性，把每个人的价值发挥到最大化，自己先成为价值的创造者，然后带动每个人都能成为价值的创造者。具备创造能力的管理者们，工作中最大的贡献之一是他们优异的授权能力。与喜欢控制的管理者不同，他们更容易鼓励自由和独立。通过说服，他们能够轻易实现管理者的基本目标——通过他人完成工作，同时使人们感觉到自己是重要的、有价值的。在需要给予下属信任的时候，他们会毫不犹豫地给予。至少应该说，这一点是令人鼓舞的，鼓励而不是控制，这一点是具备创造者管理风格的关键。

分享者，非常好理解。一个管理者他既是带动者又是好创意、好点子的分享者，他对团队建设有着积极的推动作用。当一个人取得成功的时候，他就会将自己的经历和成果展示在人前，希望别人能看到代表自己聪明才智的“成功”，并给予认可，展示的过程，就是分享的过程，在企业中也是如此。当员工取得成就时，如果能够与自己的上司分享，并得到上司的赞美和鼓励，他们就会更加具有信心和成就感。所以，管理者既要及时分享自己的好创意、好想法，也要积极肯定下属的“成功”，让每一个人都能得到认可和鼓励。

思考者，组织中任何想要变成优秀管理者的人，他首先要克服固有的思维方式和工作习惯，也就是要先解决最核心最基本的问题——学会思考。能够在思考的过程中认清自己的角色定位，也能明确地知道自己该干什么和怎么干。会思考：企业有没有明确的方向，全员有没有推动组织的力量？下属为什么是被动完成任务，而不是主动取得成果？执行不力是制度的问题，还是企业文化甚至是人员的问题，应该有什么样的解决方案？

如果赋能者能够同时扮演这样的三个角色，那么就会由之前的管控变成影响和激励。例如，在印度，甘地激励了数百万人为自己的权利而战，他与他们并肩而行，从而使印度能够在1947年实现独立。他的远见变成了每个人的梦想，确保了国家为寻求独立所做的努力是不可阻挡的。企业需要更多像他这样的管理者，能够超越问题去思考，有远见，并激励人们将挑战一步一步转化为机遇。

第四节　引爆赋能原力需要“两个导向”

在这个时代，管理者都知道知识是最大的武器，是管理员工、变革组织的核心竞争力。过去管理者为了达成组织内部的知识萃取、沉淀与分享，相信也尝试过很多不同的学习和内训方式，而最为普遍的一种方式就是“TTT 内部讲师培养”。这个课题的目的是为了培训公司的内部讲师，之前也称为组织内训师。

公司之所以要进行组织内部培训，意在让管理层能够有机会跟大家做分享，因为对公司更了解，可以做到知识和经验的有效传承。移动互联网的兴起，学习路径越来越多，各大企业都在倡导转型和创新，组织学习已提上了日程，现在很多企业，尤其是大企业，内部的讲师队伍已经非常健全，而且每年大量开展培训，因为企业的竞争其实到最后都是人才的竞争。很多企业也建立了大学，在内部开展培训，从外部引进课程，自上而下去分享去传承。而组织内训的展开形式主要有两种：

以人为导向：以课程内化为先发目的的内训师体系构建。

以内容为导向：以内训师培养为目的的课程体系完善。

但其效果却远无法达到我们的预期，甚至很多时候投入产出比甚微，距离我们追求的完美目标相去甚远。到底什么才是未来的完美状态？

用八个字可以概括，那就是：以终为始，回归本质。这里所谓的本质就是资源，其他一切可能都只是过渡的形式和方法。企业内部的资源就是那些优秀的管理者和团队中的精英骨干，他们身上藏着大量的经验。如果能把这部分资源调动起来在内部展开内训，这是非常巨大的能量，也能为其他人真正赋能。

因为，一位优秀的管理者或精英骨干，他们的带动价值是不言而喻的。首先，他们能够将公司的战略清晰无误地从上到下传播；其次，他们能组成内部知识网络，让公司的知识不断更新传播；最后，他们能够糅合各家所长，帮助员工时刻掌握最佳实践，提升能力，以最高效的方法达成业绩，事半功倍。

比如 Google，他们自己就在内部，花了大量的时间去分享，比如业务培训，你让业务老大或者业务精英，给大家分享他的经验，虽然他的时间被占用了，个人业绩有所减少，但是，他分享的经验给团队带来的价值，远远大于他个人损失的那一部分，所以从总量上还是增加的，而且非常可观，所以这个账还是算得过来的。

秉着核心出发，对于微时代企业内训师的能力提出了挑战。这个挑战就是大家积极性不高怎么办？学习氛围和学习精神不高怎么办？这就需要组织中的赋能者思考，你在企业内部培训的时候会遇到什么问题？如何选择内部赋能师？

所以需要两个导向：一是知识是赋能的本源；二是让知识在组织内部有效流动与沉淀。

从企业管理的角度出发，管理者是赋能者，要善于给下面的员工赋能才是知人善用的好领导。对于发现人、管理人、留住人更是重中之重。产品可以提升，店内设施可以更换，唯有知识型、技术型人才是一个企业的核心，能让一个企业脱颖而出靠的是专业的知识人才和精湛的服务水平，不培养人才的企业没有未来。

一个组织，应该驱动每一个平凡的员工自我成长。我每一次给员工培训的时候都告诉他们，当别人都不学习时，你学习了就会成功；当别人都不奋斗时，你奋斗了就会成功。你们不要想着超越比你高的人，只要比你周围的人努力就是成长。就会在企业中脱颖而出，会被上司当作重点培养对象，就会有更多晋升的机会。

我认为，一个员工在企业中工作，价格由管理者决定，而价值由自己决定，坚持自己很重要，知道自己的目标和方向最重要，切不可当一天和尚连钟都撞不好。只有带出一个个能自我管理的员工，领导才是合格的，经营管理才能走上正途。要实现群龙无首，但每一个员工单拿出来都是一条龙，每一个人都不是由上级来指挥，而是自主为客户创造价值，即每个人都是自己的 CEO。当一个员工是别人的下属时，如果自己不能成为管理者的好员工，今后也不可能成为别人的好领导。所以，要想自己成为别人的领导，首先应该先要学会如何做管理者的员工。

想驱策一个员工自我成长，企业要给他们提供学习的机会，增长知识的机会、晋升的机会和赚钱的机会。让每个员工按照自己的意愿和时间表去做事，订立弹性的工作制度，不要硬性指标按照上司的指示去干活，前者是主动的，后者是被动的；学习的机会，一定要给员工提供系统的培训，让员工掌握本职工作所需要的知识和技能，让员工不断进步；给每个员工一个职业发展规划，让大家看到未来，让他们有一个合理又科学的晋升通道；有了这些机会，员工的主动性就多，员工的薪水也相对提高，他们就会觉得在你这里工作有一种优越感，比周围的同龄人强一些。在物理中要使一个物体朝某个方向移动，必然要受一个力的牵引。这个力可以是一个单纯的力，也可以是几个或多个力的合力。我想工作也是如此，不但让员工有生存驱动力，还要有价值驱动力。就像朋友圈看到的一句话，“看了许多穿衣搭配的教学才发现，瘦才是最好的搭配”。回归本源，挖掘每一个员工在知识与经验上的萃取、分享与整合的能力，让每一个人都能够“原力觉醒”！

第五节　支持者与赋能者的区别

一位高管曾经形容管理者如何驱动员工，他说：公司的愿景就像是在告诉员工——河对岸有你想要的一切、有你追求的幸福生活，只要你能到达彼岸，你就可以拥有它们。重要的是在这途中，员工需要会游泳、会造船、会划船等，但是如果不能，那么公司、公司的管理者就要想办法让不能变为能，赋予大家游泳、造船、划船等技能。

而支持者就是告诉别人什么在什么地方，启发员工去积极追求。

而赋能者则是想办法教会员工拿到那个目标所需要的本领和能力。

管理者在管理的过程中要时刻注意，自己究竟是一个支持者还是一个赋能者。

以前的很多组织对下属重教导，对新老员工大多采取洗脑意向的教导模式甚至还有批斗模式，经常见很多年轻的人，前面一个所谓的领导在指手划脚，激愤高论。而随着时代发展，企业从业对象逐渐年轻化，“80后”甚至“90后”的这类人群从小接受多样的价值观和信息，个性和自我见解很强烈。并不乐意接受所谓的谆谆教导，在家比较反抗父母所谓的唠叨，走上工作岗位也不愿意服从一个碎嘴婆一样的领导。再者，员工接受信息的渠道更多，观念更新颖。不再轻信或盲从一种他们认为对自己没有价值的观点。他们更愿意在实际工作中遇到问题、解决问题的过程中成长。他们更喜欢的是赋能者，而不是仅仅是支持者。

支持者通常是被动的，善于提出需求，要别人去完成，相反地，赋能者会主动地去发现这项工作，需要什么东西，需要什么样的能力才能更好地完成，而赋能者可以积极提供帮助。

支持者通常是照搬，赋能者更多的是去发现问题、思考问题、提出解决方法，从而解决问题，整个过程都是在创新、设计、探索。

一个工作项目，支持者往往是参与者，他们不以结果为导向，不重视最终带来的结果是什么，作为赋能者，是和整个公司、所有结果是一条心，关心自己的付出努力会对这个项目的结果产生什么影响，清楚地知道自己的产出值是什么。

支持者体现出来是帮扶别人，赋能者的体现是让别人学会自己帮助自己。员工眼中的赋能者做事亲切不骂人，和我们是一条战线上的战友，而不是经常态度蛮横、急躁，不顾员工自尊，动不动就冲我们吼，有了问题先对人再对事，不问青红皂白骂员工。他们希望管理者能控制情绪，不是高高在上的上帝，他是和下属在一起的工作伙伴，为一个目标去努力。

很多管理者抱怨："真搞不懂'90后'的员工怎么回事？我们对他们已经够忍让的了！对他们好也不是，坏也不是！他们要求一箩筐，但做起事来却懒懒散散。到底要我们怎么做，他们才满意？"而这些"90后"员工则抱怨："为什么领导就是不理解我，不信任我，我的能力比谁差啊？天天叫我干这干那，干完还不满意，这简直是把我当活驴使吗？"

这些司空见惯的现象说明了一个问题。人才的培养、人才的成长靠的是赋能而不是教导，更不是不讲策略的生硬指责和惩罚。

管理者要逐渐从支持者的角色过渡到赋能者的角色，这点说起来容易做起来很难。

管理者不仅仅是领导、是上司，更是老师和教练，基于员工的特点、特长，赋予他们能力，让他们胜任当下的工作，甚至超越当下的工作。比如每天你的工作都是按时高质量完成了吗？你每天都是准时上班吗？在工作中你做到公平、公正地对待每一位员工了吗？即使这个员工与你有过个人恩怨。管理者每天去现场吗？发现问题及时在现场与员工沟通或尊重员工提出的合理建议了吗？有时你可以与员工一起工作一下，让员工觉得你和他都是一样的，不是高高在上的管理者。管理者这样做了，才能起到积极的引导作用，比对着员工说一百遍还有效。

所以，管理者要从之前的坚持既定规则、流程、方法，等着别人去设计和执行变成或进化成一个主动设计规则、流程、方法的人，并且能够主动完善它。能从支持者变成赋能者才是真正的觉醒。

中篇　思路：

把握核心问题，讲究策略方法

第四章 打造赋能团队先要激发六个“W”

第一节 When：什么时候做什么工作进展如何

没有被赋能的员工，很少知道自己什么时候做什么，也无法自己把握工作进度，属于被动工作、没有自主权的人。而被赋能的员工他们有着强烈的目标和责任感。会积极研究公司目标，从中拆解分析其与个人目标的契合之处，然后把自己的职业目标和公司的目标达到很好的统一，最后实现自己的成功。并且他们清晰地知道自己什么时候做什么，工作进展到什么程度，能够心里有数，并且能够承担自己工作的风险。赋能的员工知道自己的职责所在，原则所在，什么事情直接可以做决定，什么事情需要请示汇报。

比如，我们看个案例：

小赵是一名质检员，在生产现场巡查时发现生产出来的产品有瑕疵，经他检查，发现是设备有问题，但是生产部门为了确保产出目标能达成，就继续在生产。于是小赵在未请示领导的情况下，做出停止生产的决定，并且勒令生产和设备部门维修设备，在他检查确认后才能恢复生产。

小月是一家企业的前台接待。她对自己的职业发展有清晰的规划，最起码未来三年她希望能升任经理职务。而公司对这一职位的要求也是公开的。小月根据主管的要求来要求自己，不断学习。除了做好自己的本职工作，并且尽可能地标准化其工作流程和工作方法，制定规范，同时积极了解其他部门的具体业务，还在自己空闲时间帮助其他同事。

案例中这样的员工都是被赋能的员工，他们敢于担责，也敢于去行动，有时候不一定非要请示领导，只要自己认为是正确的且对公司有利的事情，会积极主动去做。

所以，赋能首先要解决的第一个 W——要激发员工，向其提出问题。问什么时候做什么事情工作进展如何？如果一个员工开始思考自己什么时候做什么，并随时都能向领导汇报工作进度，这就向赋能型员工迈出了第一步。

管理大师德鲁克认为，管理是一种实践，其本质不在于员工懂得道理，而在于员工是否积极去做，去行动。衡量和检验管理的唯一标准是绩效和成果，组织或团队的管理者只能以其所创造的经济成果来证明自己存在的价值和权威。

从实干的角度看，一个高能量的团队，必然来自于每一个个体。而激活个体是管理者赋能的第一步也是最终的目标。员工知道什么时候干什么，工作进度如何，正好符合想干——能干——干好这三个环节。

而在激活个体方面，有些管理者认为“员工应该知道自己什么时候做什么，管理者没有责任告诉员工做什么，怎么做。”往往抱持这种观点的管理者习惯抱怨员工不能满足自己的要求，达不到自己的预期。那么，这就很矛盾，如果没有清晰准确、言简意赅地向员工传达你对他的期望，那么员工又怎能做到让管理者满足期望呢？

所以，激活员工就要明确告诉员工什么时候做什么，工作的进度应该如何把握，不要扭捏作态不提前告诉员工你的期望，又担心员工达不到自己的期望。尤其在管理者眼中，如果发现员工总是重复犯同样的错误，那么，这个员工就没有掌握到真正的工作要领。这就需要领导亲自动手示范。

只有当管理者清晰准确地界定员工要做什么、怎么做之后，员工才可能在一定程度上对工作拥有真正的自主权。

真正的赋能和激活一个独立的个体，需要明确地说出自己的期望，如果你希望员工干活，你就要确切地告诉他要做什么。

第二节　Where：把力气用在哪个地方

经常有企业管理者问我：你给那么多企业做过咨询，给管理者做内训，能不能告诉我，如何激励员工是最有效的？其实很多时候，管理者都搞错了一件事，以为激励体系就是拉磨的时候吊在驴前面的胡萝卜，只要吃不到又不断诱惑，员工就像驴一样一圈一圈拼命拉磨。事实上，员工可不像驴那样好使。所以，迄今为止没有发现，有哪家公司找到了这个千古难题的解药。

钓鱼就要站在鱼的立场上想问题，鱼喜欢什么样的饵，你就投什么样的料，若想让员工工作积极，就要明白职场核心：没有人愿意为别人工作，我们都只为自己工作。任何外部的激励方式，都很难从根本上改变一个人的行为。

所以，这就是第二个 W 要解决的问题——把力气用在哪个地方。管理者想要赋能，最好的激励手段莫过于努力提高员工的敬业度，而这个敬业度不仅仅在薪水、头衔以及办室环境上。更多是给予员工一种内心的归宿感和不被催逼的舒适体验。

以曾经咨询培训过的诸多医院客户为例：

医院诸多员工中，主要分为两大类，一种是很多医院都存在的员工，如果员工不积极，就会对医院的发展形成障碍。首先，常见的有老油条型的员工，对工作没有激情，得过且过。这类人的典型心理就是只要不犯错，哪怕不做都没关系。工作的事从来只选轻松简单的做，稍微复杂的能躲就躲，甚至尽量别人来做，不要找到自己头上来。在医院中，这样的员工让患者体验度降低，同时也影响医院口碑。其次，无责任型，这类员工只知道借用他人名义拔高自己，获取好处。换到医院里，这样的人就是害群之马，要严防这种人。最后，是为晋升不择手段型，这类员工一心想着晋升，却忘记做好自己的本职工作、应当履行的职责。只为自己谋福利，对患者、对医院都是一种灾难。

那么，这样的医院该如何激励员工呢？

首先，要保证人事制度对内公平。员工的职位晋升、工资的高低等要有一定公平性，要根据员工的能力等综合素质进行评价，对医生的职称评级要灵活，要综合工作能力和执行力来评价，而不单单建立在以论文为标准上。

其次，要重视员工培训。每家医院都有医院文化，医院塑造好文化，让员工对医院有认同感，这样增强了医院的凝聚力。针对员工培训，不仅仅是规章制度的培训，服务礼仪、治疗接诊、安保、义工培训、医院文化的培训都要进行。信息社会，医院的管理者也要与时俱进，及时发现医院存在问题，然后及时着手解决问题。

激励员工可以让医院良性运作，那么好的管理执行者将会促进运作循环发展。医院管理是门艺术也是一门科学，对于管理者，需要中国传统的孔孟之道中庸之说，也需要李达康、侯亮平这种具有领导魅力的、敢于打破格局的中坚力量。

另外还有一个关键点，管理都要帮助员工感到对工作的胜任和愉快。让员工感到自己能够愉快胜任工作是让他们对工作保持兴趣的关键所在。团队领导所要为员工赋能的关键是赋予员工发动自我引擎，朝着团队的目标前进。一个赋能团队的特点，包括自主性、目标感、自信心、成就感、正能量感。

在团队赋能方面，马云是值得我们学习的典范。他在演讲中说过，他的团队视员工为第一，客户第二。

马云说："没有我的员工，就没有这个网站。只有我的员工开心了，我们的客户才会开心。而客户们那些鼓励的言语，鼓励的话，又会让我的员工发疯一样去工作，这也使我们的网站不断地发展。"

员工第一的理念是马云多年创业的心得，因为只有员工才是企业发展、创造财富的直接动力。马云能够站在员工的角度思考问题，也因此能够使员工有认同感和归属感。因为他知道只有设身处地为员工的基本需求和难处着想，员工才会热爱企业并努力工作。企业文化只有以人性为本，员工的积极性与创造力才会被激发出来，从而与管理者形成良性互动，推动企业向前发展。这也是一个赋能者的用人之道和用力之道。

调动员工的积极性、创造力为顾客提供优质的服务，是一个极为关键的管理命题，也是每个管理者需要真正关心的问题，最后归于一条就是：用爱来经营，重视用人之道。

第三节　What：行动计划是什么，如何实现

管理者如果光练不说会让员工苦不堪言，所以管理者要在执行目标之前给员工规划蓝图；员工光说不练会让整个团队成为草包团队，所以员工要有行动、有积极性。这也是打造赋能团队要解决的第三个“W”——有计划并能积极执行。

梅奥国际表示，执行力对医院的发展起着越来越重要的作用，它将是构成医院竞争力的重要组成部分。目前，许多医院存在执行力欠缺的现象，主要由于管理者的观念、医院的监管制度、激励考核制度、

制定目标的方法及民营医院文化等方面的因素缺乏或不健全。因此，应从这些原因入手，采取有效措施提高管理者自身素质，制定和完善医院的监督考核制度及激励制度，改进医院制定目标的方法等，提升医院的执行力，才有助于医院的快速发展。

梅奥国际指出，执行力是指通过一套有效的系统、体系、组织、文化或技术操作方法把决策转化为结果的能力。通俗地说，执行力就是一个组织或团队贯彻决策意图、完成既定目标的操作能力，它是医院竞争力的核心，是把医院发展战略、规划和目标转化为效益、成果的关键。因此，知道如何提高执行力就显得很有必要。执行力，就个人而言，就是把想干的事干成功的能力；对于医院来说，则是长期战略一步步落到实处的能力。执行力是医院持续、健康、和谐发展的一个必要条件，医院的发展离不开执行力，当医院的决策、目标、方案、计划已经或基本确定时，执行力就变得最为关键。目标与执行就好比是理论与实践的关系，理论给予实践方向性指导，而实践可以用来检验和修正理论，一个持续、健康、和谐发展的医院一定是一个目标与执行相长的医院。

我相信每个人不是天生不具备积极性或责任心的，更不会无缘无故地放弃。相较于常见的由外而内的模式，即管理者通过大量的告知或说教提升员工积极性、责任心，往往带来的结果只是不断增加员工对管理者的依赖甚至是员工能力的丧失。而“由内而外”则转向探索员工内在蕴藏的秘密。

发现员工的积极性、责任心缺失背后的真正原因不在于他不知道积极性、责任心的重要性，而在于其中充斥着大量的“干扰”，这些干扰表现于内在的担心、恐惧、自我否定等和外在的信息不明确、团队不配合等。这些干扰构成了真正阻碍员工积极性、责任心释放的空间，同时也稀释了员工能力的转化。所以，管理者想要破解员工积极性、责任心缺失的奥秘，下一步就需要花更多的精力和心思从员工的内在角度，即从排除干扰开始。

管理者是团队奋斗目标的承包者，他不但对工作结果负责，还对所有员工负责。所以，管理者有了行动和计划后，自己首先是一个严厉的执行者，强将手下无弱兵就是这个道理。

管理员工就跟带孩子一样，有那工夫研究什么沟通和激励的技巧，还不如花点心思把自己好好提升一下，领导充满了正能量，跟不上队伍的自己都待不下去。毕竟兵熊熊一个，将熊熊一窝，倘若领导既没思路又小气，跟着他成不了事挣不着钱。管理团队需要相互配合，领导主要负责把控方向就好，修补漏洞、收拾残局、安抚伤兵是副手的事儿，一个人精力有限，既看天又看地，肯定看不远。

真正的管理是执行力，所谓执行力最先执行的是自己。先管理好自己才能管理别人。做为一个管理者，起不到榜样作用，别人不信服就不会听你的，没有成功的项目实践经验，就没有资格担任管理者，否则一定是瞎指挥。自己搞不明白，开会做不出结论，没有实践经验而造成管理复杂。我认为好的管理者，首先是一个有执行力的人。言必行，行必果，用行动说话比用嘴讲收到的效果更好，行动是最好的语言。

领导用行动力向员工传递积极的榜样力量，比说一百遍管用得多，也实用得多。

第四节　Why：为什么要实现这样的目标，有什么价值

越来越多的管理者认为，什么时候能让员工和管理者一样思考就好了。之所以员工不是管理者，是他没有管理者那样的目标或不知道为什么要去实现这样的目标，实现目标的价值在哪里？

如今，任何组织都不可能把企业目标当成员工的唯一目标。反过来，员工的目标也不可能是企业的目标。

在多数情况下，管理者和员工好像是对立的：管理者追求的是利润不断增长，员工想要的是工资不断上涨；管理者要的是员工拼命干、干出成果，员工想的是少干多拿、责任少福利多；管理者希望员工理解企业经营困难，员工希望管理者体恤自己生活不易。

之所以有这种现象的发生，是屁股决定的脑袋，所处的位置不同，思维也不同：管理者做的是事业，员工做的是事情；管理者得到的是未来企业发展带来的收益，员工得到的是当下工作的回报。企业认为自己的目标很重要，希望员工也认为重要。但员工看好一家公司而加入它时可能不会想到“我希望花下半生时间在这个公司过有目标的人生”或“公司的这些价值观正好是我生命的价值观”。所以，打造赋能团队要解决的第四个 W——要让团队明白为什么实现这样的目标，有什么样的价值。只有企业与员工的目标变得统一或尽可能地统一，才

使能双方都发展进步。

比如，稻盛和夫说，在日本的大企业里，没有企业的一把手会讲述自己的人生哲学。但是，“仅有一次的宝贵人生，我们究竟应该怎样度过？”这样的话题自从创业以来，我一直不断地向员工诉说，这就是“京瓷哲学”。

京瓷哲学已经渗透到了员工的血肉之中，为激发员工的积极性做出了贡献，并营造了京瓷的企业精神和文化。也给所有管理者一个可借鉴的思路，那就是要让员工体验到目标，体验到生存和工作的价值，才能最终把自己的目标和企业的目标统一起来。

“企业目标，员工目标”在一定意义上是一个企业的绝对软实力，因为有目标的牵引，凝聚了全员的心；因为有实现目标的压力，压出了全员的智慧。

在实现目标的过程中，也能凝聚共同的力量，最终实现共赢的价值。管理中流行一种观点：小企业管理靠威信，中企业管理靠制度，大企业管理靠理念。

事实上，无论企业大小，都需要理念，理念是一种精神，可以贯穿在实现目标的各个环节中。任何一个企业想要健健康康、长久长效发展都离不开企业目标和员工目标的统一，因为这不仅仅是管理者与员工骨髓里的需求，更像是一个历史事件产生的必然结果。

每个公司都有目标，但是只有目标还不够，成功公司与普通公司的不同之处就在于：它敢于迎接巨大的、令人望而生畏的挑战——就像攀登一座高山一样。

管理者的真正目标是要实现让企业员工的积极参与，自上而下地确定工作目标，并通过对目标完成情况的检查和奖惩的手段，自下而上地实现公司经营管理目标的一种管理模式。

目标从来不是一个数字，而是人一生的修炼……

唐僧能够坚持不懈19年，行程5万余里而不放弃，是因为他心中始终有一个目标：普渡众生，把佛教发扬光大。在现实生活中，我们对于生活的激情全部来自于对目标的追求：有的人是为了成就事业而坚持，在商场上忘我地打拼；有的人是为了让儿女上学能够背上一个新书包，起早贪黑卖茶叶蛋。不管目标是什么，也不管目标的大小，但只要目标存在，就足以在很大程度上支撑我们前行。

一个人可能走得很快，但绝对走不远。一个团队可能走得慢一点，但一定比一个人走得远。团队的价值就体现在这样一个多元化的时代，提高员工在企业工作中的价值感和快乐感。全面关注员工的各种心理动态，及时掌握员工各种具体诉求，认真解决员工的各种具体问题和困难，无论生活上的，还是工作上的。这样才能让他们以企业的目标为目标，实现属于自己的价值。

一个人在小范围内做正确的事情的时候，他的行为可以影响到身边的人，而这种影响可以产生一种聚合效应。如果一个企业的管理者带头谈目标、定目标、回顾目标就是在做正确的事情，而领导的这种行为可以影响到经理层和员工，使大家逐渐培养一种目标管理行为，最终形成自我控制！然后共同实现一种价值的追求。

第五节　Who：你是什么样的人，想加入什么样的团队

大部分人都明白一个道理，成功的路上虽然不拥挤，但也不能单打独斗。互联网让跨界成了常态，那么人更应该拓展自己。若想成功，要么组建一个团队，要么加入一个团队！在这个瞬息万变的世界里，单打独斗者，路就越走越窄，选择志同道合的伙伴，就是选择了成功。用梦想去组建一个团队，用团队去实现一个梦想。这是打造赋能团队要解决的第五个W——明白自己是什么样的人，想加入一个什么样的团队。

人，因梦想而伟大，因团队而卓越，因感恩而幸福，因学习而改变，因行动而成功。一个人是谁并不重要，重要的是他站在那里的时候，在他身后站着的是一群什么样的人！

管理者与员工是将和良才的关系，将遇良才能打胜仗，才遇良将如同种子选对了土壤，跟对人决定你的人生成败。和什么样的人在一起，就会有什么样的人生。和勤奋的人在一起，你不会懒惰；和积极的人在一起，你不会消沉；与智者同行，你会不同凡响；与高人为伍，你能登上巅峰。

假设一个管理者是那个对整个团队有影响力的人，其风格是雷厉风行，那么团队里的成员也会习惯快节奏的做事方式，做事不喜欢拖

拖拉拉。哪怕活不多也会快快干完了再休息放松；如果你是踏实但保守的风格，那么整个团队也不会喜欢推陈出新，甚至不愿意接受新的思维和挑战；很多时候，你不会注意到你团队成员逐渐受到了你的风格影响，但时间久了，你会发现，你的这个团队，跟你的性格越来越像。

当一个管理者会在意自己是什么样的人，并希望带一个什么样的团队，那么他在带队的过程中，也会去问员工或队员“你是什么样的人，希望加入一个什么样的团队？”价值观趋同的人能够在一起更长久，更没有违和感。

小米现在已经名列全球第三手机通讯公司，雷军就花了 80% 的时间在找对的人上。找认同公司的理念和文化，有能力积极融入团队，同时还追随趋势力求革新的人才，就是对的人才。

另外，当今时代的管理者，不是管理而是引领。你想出来的创意和点子，必须自己也能完成，而不单单等着别人来完成。把人员管理嵌入业务管理，把内部沟通融于外部沟通，把所有的管理、文化、价值观、视觉都融于一件事：做出让用户尖叫的产品。产品成了引领、激励和衡量一切事务的方向标。于是通常意义上的“管理”消失了！只有领导和员工一脉相承，手牵手、肩并肩，才能形成最为有效的战斗力。移动互联网推动的组织架构扁平化，就在于让领导和员工合二为一、休戚与共，从而产生更大的能量体和进取心。

小米是怎么做的？去 KPI，去销售佣金，去绩效评估，只有两个本质目标：用户是否会为新产品尖叫？用户是否愿意推荐给朋友？同时小米的管理层超级扁平化。合伙人都是“项目组负责人”，三个级别，不管多大腕都是工程师。

动漫《海贼王》里有一个片断，有一次，后加入的乔巴问老船员索隆说：“在我看来，你们每个人都有自己的个性，特别像你，简直是一匹孤狼，为什么会凑在一起跟着路飞这么看起来不靠谱的船长呢？”

索隆回答说：“确实是呢，我们每个人其实都有自己想做的事，船长又总是不着调，外人看起来真是一点团队精神都没有。但事实上，我们就是这么不着调的团结在一起，拼尽全力做各自想做的事。”

所以，真正的团队精神应该是每个人都在拼死做着自己想做的事，达到的境界就是，“我已经做到了，下面该你了，做不到小心我打飞你”，这样才是一个真正的团队，这样的团队才能真正实现个人的价值。团队里每个人的梦想加起来，又能实现一个更大的梦想，在这一群人构成的团队里，每个人都扮演好自己的角色，又能够互相促进，让每个人的梦想都更容易实现。想想看，这样是不是特别美好？

所以，作为赋能者而言，更重要的是判断自己作为一个管理者。想象一下，如果今天你想让别人加入自己的公司，是否能够真正让别人信服，如果答案是肯定的，你才可以带出优秀的团队。

组织的管理者和带队人就像一位“船长”，在设定好目标后确保船持续朝着目标航行。当只是有一两个人的小船时，船长的工作包括找到好的目标，然后奋力地划。接下来如果顺利的话，水手的数量会慢慢地增加。当船上有十个人时，管理者就要开始花更多的力气去找好的船员，并把他们放在对的位置上。当船上有更多人时，管理者基本上只需要关心几个大副的情况，保证他们的状态良好，并且依然持续朝着所设定的目标航行即可。所以，随着船员的数量变多，船长会扮演着不同的角色，所需的能力也会不同。因此，一位出色管理者的学习能力和适应能力应该是非常强的。这样才能是一个正向、积极的引领者，然后才能带出一队优秀的水手。

第六节 We：我们会给社会带来什么样的影响

作为一个赋能者，经常向下属或员工喊出实现目标的口号和愿景固然是好的，但是目标和愿景一定要建立在有价值的基础上。这个价值不仅仅来自企业如何赢利，还一定要思考“我们会给社会带来什么样的影响？”只有思考能给社会带来什么，才能拥有社会责任意识。

比如我们常见的百年长青的知名企业，无不是把社会责任放在第一位。不然怎么可能走得长远又稳定？

我们都知道，企业的终极目标是赢利，一个不会赚钱的企业肯定不是一个好企业，但一个只会赚钱的企业也不一定是一个优秀的企业。一个企业的价值，不仅仅局限于商业价值，还包括社会价值。

管理学大师德鲁克认为，一个企业必须要有三大任务，首要任务是高效完成组织的独特使命，对于企业来说是在为顾客创造价值的同时创造利润和财富；第二个任务是让工作有效，让员工有成就；第三个任务就是管理社会影响承担社会责任。企业社会责任的内容包括：员工责任、公益责任、生态责任。具体来说，包含了如下几个层面：严格把关产品质量，做好产品，诚信守法经营；提高生产率与创造良好利润、为社会创造就业岗位，保障员工合法权益；注重环境保护，与环境共赢和谐发展，放长视野追求可持续发展，造福子孙后代；理性参与社会公益慈善，利用自身专长优势，为社会和谐发展做力所能及的贡献。

所以，当每一个管理者都能意识到对团队赋能，激活员工的能动性和积极性的同时，要告诉员工我们这个团队能为社会带来什么有意义的价值。

企业社会责任会通过两个路径来影响员工：一是具备社会责任感的企业，会影响员工感知到的外部声誉和自豪感，之后会增加员工对组织的认同，最终影响员工的行为和态度；二是会影响员工感知的内部社会责任（即员工责任），进而影响公平感和组织支持感，然后会增加员工对组织的信任，最终影响员工的行为和态度。

一个组织不仅仅是谋取自身利益最大化的经济体，还是社会整体财富积累、社会文明进步、环境可持续发展的重要推动者。企业在发展过程中，需要充分考虑经济、社会、环境这三重底线，需要对员工、消费者、供应商、社区、环境等一系列对象负责。在这里面，员工是企业最核心的资源，企业的一切都是由员工创造的，只有保证员工的利益，员工才能安心地为企业工作。

比如，最值得借鉴的企业华为，作为一家世界级的高科技企业，华为的内部激励一直受到业界的好评，华为创始人任正非先生只持有华为 1.4% 的股权，其余 90% 多的股份由 17 万名员工共同持有，26 年坚持利益共享，一块大饼大家分，完善的股权和薪酬激励机制有效地调动了管理者和员工的积极性，推动华为在激烈的国际国内竞争中不断成长壮大。

比如，口碑驰名的海底捞，“善待员工”成了业界传奇。用海底捞总裁张勇的话说“只要想办法让员工把公司当成家，员工就会把心放在顾客上”，这值得每个经营者深思。海底捞的员工虽然也是餐饮服务员，但他们住的却是配套 24 小时热水，空调、电话，电视、网络一应俱全，还有专人打扫卫生，换洗床单，且步行离店不超过 15 分钟的小区公寓。员工生病了，公司会送上药品和病号饭，下夜班的员工还能享受到夜宵服务。而且到海底捞去用餐，基层员工甚至有打折或免单权。这也是为什么很多餐饮企业一直在模仿海底捞却永远无法超越海底捞的原因。

当管理者把社会责任、员工责任放在首位的时候，会激发团队的斗志和信心，会让他油然而生一种自豪感，以及把自己的价值奉献给企业的积极性。越是能够强调社会责任感的企业，越能让团队积极进取。让员工在企业中成长，给员工提供良好的发展平台，不但是企业对员工的义务，也是企业应当承担的社会责任。

第五章
给团队赋能，要讲究策略和方法

第一节　赋能团队的方法与特征

随着市场竞争日益激烈，团队赋能在企业管理中的地位与作用也日益凸显。拥有各司其职、高效协作、自驱动成长的团队，成了企业持续发展的核心要素。

那么，赋能一个团队需要有前提，就是明确自己想要打造一支什么样的团队？这也是确立目标的一种。只有清楚自己想要什么，才能知道赋什么能，怎么去赋能。无论是组织管理者自我赋能，还是为团队成员赋能，对企业的目标和现状都要有清晰的认知，对团队成员的理念、能力、特质有明确的认知，对自己的特点和领导风格有深入的认知。只有这样，才能有针对性地因材赋能，并可以将赋能做得更好。

团队中的人来自四面八方，怀有不同的特质和能力。管理者如果能够清楚地知道每个成员的喜好、特性，并且知道他们受什么吸引才来到你的组织，他们每个人的成长预期，对福利的期待等，那么团队成员就有很大希望在团队里保持一定的成长性和成长意愿。这样就能够对每一个不同特质的员工进行不同的赋能，使其在团队里发挥价值。

赋能团队有什么方法呢？

第一是唤醒。比如很多员工积极性不强，就像小孩子不合群是一个道理，如果一个孩子不合群或不爱打招呼，父母能做的是引导和帮助孩子去融入人群，锻炼自己的社交能力。同理，员工的积极性需要管理者积极引导，这种引导就是唤醒。管理者需要用积极的暗示和关爱让其释放自己的潜能。

第二是接纳。每个人能力有高低，性格有不同，没有完美无缺的人，更没有十全十美的员工。作为管理者要用一个足够宽广的心胸去接纳每个人，既要放大其身上的优点，也要接纳其不足。只有这样，员工才能放心大胆地释放自己的内在能量，即使做错他也不会受到过多的批评，还会继续下一轮的尝试和创新。

第三是信任。信任的另一面就是对员工工作能力的认可。如果管理者能够放手让员工去做而不担心他做不好，这本身就是一种激励，也是一种更高级的接纳。有胸怀的管理者都知道，一个员工的成长离不开犯错，失败是成功之母，只有在试错中总结的经验教训才更实际，也更有成效，允许员工出错，本身就是一种赋能。

第四是鼓励。员工做事有积极有消极，对积极的员工要鼓励使其成为持续的榜样，对消极的员工也要鼓励，让其向榜样看齐。对那些在团队中有积极贡献的人要给予奖励、升职或荣誉称号，这也是一种荣誉感和鼓励手段。

通过以上四种方法进行团队赋能，最终能打造一个具有什么特征的团队呢?

我想大概有这么几个特点。

一、自我驱动

当一个团队被赋能后，就不再是自上而下听指令，而是自下而上积极行动。每个人都具备了积极的心态和动力，激发出内在最大的热情和能量，能够面对工作中的困难与挫折。如果把没被赋能的团队看成是绿皮火车全靠车头使力带动，那么被赋能的团队则是动车，每一节都有动力。

二、和而不同

一个团队不要追求表面一团和气，下面却是钩心斗角。而被赋能的团队则是表面看来各抒己见，每个人都有不同的特点，但争论过后依然保持团队的和谐。这充分体现出赋能团队成员之间的彼此信任和相互尊重，不做表面文章，也不做互相拆台的事情。

三、彼此认同

有了和而不同的基础和特点之后，赋能团队会认同各自的价值，因为每个人的价值观不同，做事的风格和理念也有差异。团队成员之间会认同各自的观点和价值观差异，最后达成心往一处想，劲儿往一处使的默契。同时，对待同一个问题允许每个人有不同的见解和观点，并尊重这种见解和观点。在被赋能的团队中，每个成员都是独立思考的个体，不会人云亦云，同时也能积极吸纳和学习别人的见解和观点。

四、开放包容

赋能型团队能够用更加积极的眼光和思维去看问题，能够接受变化，能够紧跟形势。团队成员能够打破保守思维，为了把团队共创往前推进，会采取开放包容的态度，能够借鉴不同领域，不同行业的优势来弥补自身的不足。在团队协作中由于开放包容，也能抱团取暖相互合作，形成战无不胜的整体。

五、敢于试错

赋能型的团队不会故步自封，会勇于突破常规和现有的状态模式，所以错误肯定难以避免，但他们会接纳失败，甚至把失败当成是成功的必经之路，让团队成员积极去试错并在错误中吸取经验教训，探索出属于自己的正确道路。

六、积极行动

试错积累的经验要积极付诸下一次的行动，赋能团队一般都是行动敏捷、知行结合的团队。团队的执行力非常强大，不会光动嘴不动腿，知道了理论就会小范围试点行动。这样的行动目的是学习与验证，因此，团队执行这样的行动应当快速、敏捷，不断调整实验。

七、反思成长

有了行动以后，需要实践和总结，在试点行动的过程中，需要根据实践反馈进行反思，对原有认知假设进行调整，在新的认知高度上对计划方案进行优化，再试点。如此反复循环才能形成自己的认知，也是一个正向积极的学习过程。每天进步一点点，永远在追求卓越的道路上。

第二节　赋能和管理、激励有什么不同

赋能说得简单些，就是组织的管理者发展自己的员工，激发他们的主动性和创造性，从而为组织创造更大的价值。更形象的比喻则是通过管理者对员工的积极影响和激活个体潜力，把组织和员工形成联盟，把组织变得更加强大，在组织前进的过程中，也能成就每一位员工。

管理的概念到现在为止没有定论。管理是分工与组织的手段，管理要解决的问题是如何分工、如何组织，如何在分工的基础上实现一体化，这是难题。管理很难用一句两句话说清楚，而且众说纷纭，众多管理学大师都给出了自己的定义。我说两个很好理解很好执行的定义，其一，管理就是决策。其二，管理就是利用他人完成自己的目标。这就与赋能有一定的不同，管理侧重让员工听命于自己，而赋能则让员工能够实现自主性。

激励是指管理者在管理过程中将有意识的外部刺激，转化为被管理者的自觉行动，从而最大限度调动被管理者的积极性，实现管理目标的过程。激励是组织中的管理者为了让员工产生工作积极性所使用的一些手段，这些手段包括精神和物质上的奖励，也包括言语和目标上的鼓励。激励是决定人的工作效绩的关键因素。在能力相同的情况

下，激励水平越高，人的积极性和主观能动性越强，工作效绩就越好。激励的类型主要有：物质激励、精神激励、信息激励、工作激励。激励手段使用得好，对于员工的积极性的确会有很大的提升。

随着管理者意识的不断提高，员工的整体水平趋于年轻化，仅凭指令式管理或激励手段已经不能够完全满足组织日益发展的需求。一个组织面对众多的员工，他们最需要的不是激励，而是赋能。也就是为员工提供他们能更高效创造的工作环境和工具，使他们每个人都能自我奋进，不用催逼和高压，就能自主自发去为目标努力，这也是传统管理者面临的新挑战。

为什么说赋能要比激励更好呢？

第一，无论是物质激励还是精神激励，都是在看到结果以后才实现的，属于利益分享。而赋能则是在做出结果之前激起员工的兴趣和动力，以达到让其有挑战性和创造力，结合自己的兴趣带着动力去做出成绩。如果激励是强调结果然后给予奖励，那么一定会有之前的监督和任务分派，而赋能则能够让员工自主选择适合自己的任务，然后不用监督自觉去执行。就像韩都衣舍实行的小组制模式，阿米巴强调的独立核算模式，前提都是需要对各个小组成员进行赋能，才能让组织中的各个小组自主自发，自负盈亏。

第二，想要赋能离不开企业文化。企业文化是一个组织的核心和灵魂，产生于一个群体长期以来的共同积淀，能够凝聚一群人的力量。管理者与员工，通过向外界学习到内部提炼，从而形成了一套面对竞争、指导经营的思维模式。这套模式在与内外环境的碰撞中不断修正和发展，经过验证是行之有效的，从而为全体员工所接受，成为默认的观念、准则。管理者和员工最终形成自我驱动型的组织，彼此对文化的认同非常较真，为了享受适合自己的文化，这些创造者愿意付出、拥护和共同创造。

比如，华为的企业文化是“以奋斗者为本”，确定的是以奋斗为主题的文化。华为公司所有制度、政策都是以奋斗来定位的，不能奋斗就不是华为人，就要被淘汰。华为建立各项制度的基本假设是员工都是努力奋斗的，而公司决不让雷锋吃亏。任正非说，我们通过玩命把企业做大了，一旦企业做大，文化变质了，大家都觉得公司亏待自己了，都觉得公司工资给少了，股份给少了，晋升得慢了。我们发现很多好端端的企业，眼见着楼就塌了，这就是文化出问题了。所以华为就是要保持这种奋斗精神。这也是一种文化赋能。

第三，赋能是管理者从决策者转化为决策的支持者，从长流程变成更加高效的短流程，从指挥命令的环境转化为支持、宽松的环境。最终使团队成员在大目标明确与一致的情况下，通过逐步授权、责任分担的方式，推动团队成员自主决策，建立真正有效的组织体系。对于赋能的理解，不再简单地停留在通过活动或培训来激发员工的积极性、提升员工的技能。而是要从系统思考的角度出发，从目标统一性、组织设计、部门决策、协同发展等维度，提升组织适应不确定性，持续应对变化的能力。这在很多组织中，会是一个重新塑造领导角色、领导力的艰难过程和挑战。

第三节 赋予团队能量，实现自我成长

李嘉诚说，鸡蛋从外打破是食物，从内打破是生命。如果每个人把自己当成一只鸡蛋，只有不断从内在省视自己、突破自己才能不断成长。人生是一个不断成长的过程，成长就是用自己的内在力量去打破束缚，激发个体的外在力量。

赋能的真正意义就是让管理者和被管理者同时实现自我成长，最终才能使一个团队实现成长和强大。

比如，在医疗机构或医院中，院长会发现经常出现“同样的工作，交给同样素质的不同员工去做，却会出现截然不同的工作结果”，这是为什么呢？究其原因就是主动工作和被动执行的结果。主动工作的人有自我成长的内在因素激励自己，而被动执行的人却认为这是给别人工作，没有成长思维。

很多员工从来不主动做事，只会听命行事、被动执行。例如，院长让员工去询问外单位来医院考察的时间，员工就只会问外单位什么时候来，不会想到要进一步了解清楚：人员乘坐什么交通工具、到达时是否需要安排接送、是否需要预定酒店等问题。这类员工的做事方法，常常会增加其他员工的工作量，或者增加单位沟通成本，影响甚至阻碍医院的发展。

对于“被动”做事的员工来说，是他不想主动工作的吗？答案是否定的。新员工刚进入医院时，他们都是愿意主动工作的，为什么员工渐渐变得不愿主动做事，医院和管理者也应该反思自己。个别员工不愿主动做事，是员工个人能力问题；大部分员工都不愿主动做事，那就是医院管理的问题。是医院没有让员工拥有“自我成长”的动力和激情。

赋能管理的任务在于用心保护组织的内部资产，这个资产就是每一个队员、每一个员工，只有管理者实现自我突破和自我成长才能起到更好的示范和带动作用，往往要比训练更为重要。管理者必须增进其知识和技巧，但是，如果他不能先发展自己的有效性，那么不管他有多少知识，有多好的技能和习惯，也不会对自己和整个团队有太大的帮助。组织拥有优秀的人才并不一定能更为有效。组织之所以能拥有优秀的人才是鼓励自我提高的结果，因此，标准日高、习惯日善、风气日良才是吸引和培育人才的关键。

杰克·韦尔奇不止一次在公开场合说：“伟大的管理者，一流的是教练。”韩非子也有云：“下君用己之力，中君用人之能，上君用人之智”。

信息爆炸、复杂多变的时代，没有人能知晓一切答案，即使是领导！作为一流的管理者，更是要打造卓越的一流团队，了解人、发掘人、善用人、用合适的人，给人才以空间，只有这样，才能充分激发人的潜能，打造不断创造奇迹的卓越团队，进而实现组织愿景和目标——管理最终的目的是要通过激发人的智慧来实现的。

每个人都有许多潜能尚未发挥，一位科学家曾说过：“人的潜能犹如一具尚未启动的引擎，看上去似乎毫无特别之处，可一旦点燃启动，就会爆发出难以估量的自动力和前驱力。”

这也是赋能追求的最高境界，让一个人实现自我成长的同时，能够产生难以估量的自我驱动。

我们大多数人的体内都潜伏着巨大的才能，但这种潜能酣睡着，一旦被激发，便能做出惊人的事业。管理者要做的就是能够启发自己的员工，启发他们的梦想，让员工发现自己不曾发现的强大内在力。

有一个这样的故事：

在美国西部某市的法院里有一位法官，他到中年时还是一个不识文墨的铁匠，60岁时却成了全城最大图书馆的主人，获得许多读者的赞誉，被人认为是学识渊博、为民谋福利的人。这位法官唯一的希望，就是要帮助同胞们接受教育，获得知识。可是，他自身并没有接受过系统的教育，为何产生这样的宏大抱负呢？原来他不过是偶然听了一篇关于“教育之价值”的演讲。结果，这次演讲唤醒了他潜藏着的才能，激发了他远大的志向，从而使他做出了这番造福当地民众的事业来。

一个团队如果管理者是那个点燃希望和梦想的人，在自我成长的同时能够带动大家一起成长，最终才能真正打造一个具备能量的团队。

比如，海尔集团在赋能团队的时候，开始宣传“人人是人才”，把激励停留在口头上的时候，员工并没有表现出多么积极响应，在员工的心里认为，“自己没有多高的学历背景，作为工人能是什么人才？”于是，海尔的管理者改变了激励方式，把每个普通工人的发明技术或创新成果，以这位工人的名字命名时，员工产生了极大的热情。比如，李启明发明了焊枪被命名为“启明焊枪”，杨晓玲发明的扳手被命名为“晓玲扳手”。如此一来，员工的个人荣誉感被刺激，个人成长的欲望被提升。

所以，在赋能的道路上，管理者要经常问自己，我是谁？我想成为谁？要完善自己应该怎么做？做的过程中遇到困难如何克服？当这些问题都能够清楚回答的时候，就迈出了成长的脚步。

第四节　成长离不开良好的团队氛围

参加过培训活动或大型派对的人应该对一个场景不陌生，那就是进了场子以后当大家都换上统一的服装，内心的感觉就会不一样，总感觉进了一个大团队、大家庭，很容易熟悉起来，组织者也不会造成冷场。反过来，如果每个人进会场都穿着自己平时的衣服，或正装或休闲甚至是运动装，那么感觉就会不一样，不像一个团队，不是进入一个大家庭式的会场，气氛会很陌生甚至尴尬，这就是氛围的重要性。

“人在一起叫团伙，心在一起叫团队。”好的团队氛围就像是肥沃的土壤，给团队的每个人滋养，让他们在工作中充满快乐的心情，并能发挥自己的主观能动性，开心工作，快乐生活，创造自身的价值。

一个团队的气氛对员工的影响是全面的。当氛围低迷的时候，所有的成员都会笼罩在其中而跟着士气低落。因此，员工的成长离不开良好的团队氛围，管理者带领自己的队伍建立积极向上的氛围是一件相当重要的工作。要能够及时对员工进行引导，业绩好的时候，明确告诉员工，这种情形是暂时性的还是会持续一段时期，并警告他们不要太过乐观，注意调节精神状态。当业绩变差时，你要让员工清楚地知道，市场规律的变化会让公司的经营出现起伏，现在低迷不代表将来会一直低迷，要憋足劲准备迎接市场的反弹，而不是丧失自信。

这是团队良好氛围的基础，不会盲目乐观也不会极度悲观，而是能够客观又理性地对待团队出现的任何状况。

如何打造良好的团队氛围呢？我认为可以从以下几个方面着手。

第一，对下属放权。给员工高水平的物质基础或者是“放权”给员工。俗话说，教会徒弟，饿死师傅。但是在管理中，管理者有能力了，却不会放权，最后结果只能是让自己“累死”，让员工“懒死”。

第二，教给员工方法和思路。管理者要是不想让自己“累死”，那就势必要让人从旁协助，但关键是协助的员工必须是个“机灵”的人。所以就要培养员工的独立思考能力，自己不时提点一下，让员工能慢慢掌握做事的规律和方法，才能获得长远发展的能力。

第三，给员工奋斗的目标。要让员工把“心”走进单位这个大门，管理者不要急于给员工布置任务和灌输公司愿景，而是鼓励员工发现自己的职业目标，然后巧妙地引导他们将个人目标与公司愿景结合起来，从而产生一种努力的内在动力，使之变得积极进取。

第四，让员工有归属感。要给员工放松的机会，把快乐带到工作中。组织最新的团队游戏，塑造欢乐、信任、亲密、彼此支持的氛围，让团队里的每个人都有归属感。

第五，给员工成长和发展的空间。创造成长发展机遇。对很多年轻人来说，任何工作的目的都只有两个：一是钱，二是学。管理者应给予他们足够的学习空间，如果员工能工作开心，那么员工的工作效率就会更高，那么管理者又何乐而不为呢？

第五节　打造高效团队：让正确的人做正确的事

组织管理中衡量一个公司的好坏，就是看什么样的员工在做什么样的事，以什么样的态度来做事。好公司，员工都把工作当成自己的事来做；不好的公司，员工都把工作当成别人的事来做。一个团队就像一条船上的人，管理者是掌舵者，员工就是水手。只有全体成员目标一致，怀有强烈的责任感，才能为胜利航行打下基础。作为管理者，打造一支战斗力超强的团队就是要让正确的人做正确的事。

找正确的人，就是要找适合岗位的人。在《从优秀到卓越》一书中提到了一个观点：先人后事。就是："把正确的人请上车，让大家各就各位，先让不合适的人下车，然后才决定把车开向哪里。"这句话的意思是，管理企业，永远要先选择优秀的人才，并将这些优秀的人才安置到合适的岗位，以便让他们能充分发挥自己的价值。同时，还要及时将那些能力、价值观不合适的人清理出去，这样企业才能获得成功。

选择正确的人才来源于三种途径：一是被吸引来的，二是被筛选出来的，三用重金挖过来的。电视剧《亮剑》中，李云龙是非常优秀的管理者，也是一个非常有胆有识的带队人，而他身边的人也都非常了不起。和尚本是国民军的，一听说是李云龙，就马上同意跟他干，这叫吸引来的；张大彪是在战中表现很好，是筛选出来的；骑兵连的孙连长是用五挺机枪换来的。所以，为了选择正确的人，要随时随地招人，储备人才。找到正确的人，适应企业的文化，并愿意追随公司的发展而努力学习进步，不断进行自我成长和突破，是人力资源不断追求的目标。

做正确的事，是有效提高工作效率和效能的重要方法，更是一种重要的管理思想。无论何时何地，对于任何人或者组织而言，“做正确的事”都是衡量企业生存和发展的重要目标。对企业的生存和发展而言，“做正确的事”是由企业战略来决定的。只要你做的是正确的事，即使执行中有一些偏差，其结果也不会致命；但如果你做的是错误的事情，即使执行得完美无缺，其结果也注定是错误的。

用正确的人做正确的事，最好用的方法就是用“最简单的方法”去做事。比如耐克的管理模式就是用最简单的方法去做最正确的事。如果一件事情牵扯到多个部门，而每个部门都有各自的意见，这样的情况往往会来来回回地讨论都无法达成共识。遇到这种情况，耐克员工习惯于在往来的邮件签名下方附上一段简短的话，以提醒自己和同事不要纠缠在不同意见中，赶紧求大同解决问题。这种深入员工心中的自觉意识帮助耐克提高了工作效率。再如，耐克经常用的面试方式不同于其他公司，他们不会分成几次面试，但是为了保证客观全面，由人事部经理、业务主管、该部门员工、管理者组成一个面试团，一次性对应聘者完成面试。对耐克也好，对应聘者也好，都会节省时间，而且不会太疲惫。

另外，作为一个团队管理者，做正确的事就是做你认为正确的事情，即使那样做可能会带来不方便，或者导致小摩擦，再或者下面的人对你做的正确的事情尚不清楚。这些都不要紧，要紧的是，如果员工知道你总是在做符合他们的最佳利益的事（而不仅仅是你自己或公司的），当你想尝试一些新的东西时，他们就会信任你并跟随你。当你错了时，如果你承认，并尝试别的东西，他们会更加信任你。在做你认为正确的事的时候，要告诉你的团队，“这是一个实验，我们可能会失败。但一切都是可选择的，如果这样做行不通，我们可以改变它。”最终你会发现做正确的事，并不是要求一直正确，而是一个发现什么是正确的过程。

当你学习和掌握了每件事情的正确的过程，就会渐渐有了团队凝聚力，会更加赢得信任和更多人的追随。

麦肯锡卓越工作方法的最大秘诀就是，每一个麦肯锡人在开始工作前必须先确保自己是在“做正确的事”。麦肯锡顾问奥姆威尔·格林绍指出：“我们不一定知道正确的道路是什么，但却不要在错误的道路上走得太远。”这句话非常有指导意义，值得所有管理者和被管理者借鉴，如果我们一时还弄不清楚正确的事是什么，最起码先停止在错误的道路上越走越远。

总之，公司要想长久发展，管理者要努力为员工搭建一个公平公正的环境，找到合适的人员匹配岗位，让员工能够在这个平台上找到工作的方向与目标，在工作中体会到成就感，员工才会对自己的工作产生乐趣，这样的部门、团队始终能够保持一种积极向上充满正能量的气氛从而取得良好的业绩。

第六章 团队赋能，重在给队员赋能

第一节 帮助员工成为精英

在多数人工作的经验和认知中，认为在一个组织中成员可以“没有功劳有苦劳”，所以出现了不求有功但求无过的工作态度。随着时代的发展，企业的目标是希望员工成为精英，可以一个萝卜盯四个坑。企业管理也渐渐进入了“精英时代”，那些不具备精英思维的管理者慢慢退出了管理岗位，那些不逼迫自己成为精英的员工也渐渐力不从心，要么在一个平凡的岗位上默默无闻，要么面临被淘汰出局的风险。

时代决定了组织和员工都要有“精英意识”，不管是前台的行政人员，还是销售大咖，都要思考如何在自己的工作岗位上更加出色，让自己成长更快，在同行业中成为佼佼者，具备精英的潜质和能力，能够为自己和组织创造更大的价值，这样才不至于被社会淘汰。同时管理者也要积极去帮扶自己的员工成为精英，而赋能是员工成为精英的必经之路。

在带领员工、帮助员工成为精英的过程中，管理者首先要让自己成为“优秀人物”，成为“牛人”。因为，成为精英的这个问题，是员工要考虑的。如何帮助别人成为精英则是管理者需要想的。有强将才有精兵，如果领导没有想清楚这个问题，带出来的兵也是一群乌合之众。对于员工来说，能为自己赋能的领导才值得追随；对于领导来说，能够给员工赋能，才能带领好团队。

传统的管理者把主要的精力用在组织的绩效增长上，而赋能型的管理者则把更多的精力关注在精英员工的成长上。绩效的增长与员工的成长是相辅相成的，没有精英员工何来傲人业绩？管理者要两手抓两手都要硬，一手抓业绩，一手抓团队建设，精英员工具备好的能力和方法，才能做出更大的成绩。

赋能管理者必须深谙这层道理，把团队状态和组织能力当成常抓不懈的大事，切实关注每一个员工在工作中的持续成长，让他们在做好当前工作的同时得到充分的锻炼和成长，也唯有如此，他们上一年的成长才能支撑次年的业绩增长。从这个角度看，挑战性工作不仅是业绩增长的需要，更是精英员工自身成长的必需。成为精英员工需要从哪些方面下功夫，或者说从哪几个层面来赋能呢？

第一，让员工具备学习习惯。如果之前说二十一世纪缺的是人才，那么新的互联网时代，缺的是学习型的人才。社会变化日新月异不会等待任何一个止步不前的人，只有不停学习才能适应。举个最简单的例子，现在连 60 岁的阿姨们都开始微信支付和网购，如果不学习怎么可以？这个时代的任何服务和使用并不会专门为不会操作的人设计，会逼迫着所有人要想适应时代就得学习。同样，如果没有学习习惯的人，就会面临被淘汰的风险。管理者对员工赋能就要告诉引导他们爱学习，组织要定期让员工接受培训。

第二，让员工不断精进技能。有句话是这样说的，“海枯石烂山会倒，荒天饿不死手艺人”，可见一个人拥有一技之长才能不断有碗饭吃。网上有个帖子说，地铁口卖煎饼的大妈月收入超过了一线城市的白领。农民工中泥瓦匠越来越吃香，高薪被争抢。农民永远不会饿死，因为他懂农耕技术。所以，拥有一技之长就是要用本专业的能力为别人带去价值。

每个人，都需要有一门过硬的技能。这门技能应该能让自己一生的生存不是问题，技能不是一天两天可以练就的，但是只要有十年磨一剑的精神，放慢脚步，让自己的技能得到充分的提高，不愁自己没有立足之地，当员工的技能强大到足够自信的时候，那么，不论在哪，都会受到重用。术业有专攻，相信时间久了，会在某个领域创造出优秀的成绩和自己，从而给自己树立一个形象和品牌。一个企业里，高水平的人是利润，低水平的人是成本。不能做那个始终是企业成本的人，而是要掌握一项足够强大的技能，做一个给企业创造利润的人。

第三，让员工勤于思考。在工作中思考是最为重要的，工作程序越来越复杂，企业希望员工能够独立解决问题，并期待有更大的贡献。如果仅是流程化的员工，事事靠别人提醒和别人帮助，工作质量不会太高，成绩也不会突出。那么离成为精英的目标也会越来越远。一个具备思考能力的人，遇事有主见，不盲从权威也不盲目蛮干跟风。而思考力的强弱依然不能脱离学习力，爱学习的人才能长知识，知识多了思考的维度和空间就大了。

第四，让员工多一些实干精神，少纸上谈兵。员工有想法值得鼓励，但如果仅仅是停留在想法上而不去实践，就会变成务虚多于务实，只要嘴上功夫，变成思想的巨人行动的矮子。比如管理层也一样，不要经常坐在办公室，要下市场去了解客户，只有行动起来熟悉市场知道客户需要什么，才能有针对性地提供产品和服务。

没有实干精神的员工是经不起诱惑，没有自己的主见和判断能力，满脑子想的是如何像别人一样成功，看到的永远是别人成功的一面，看不到成功者背后辛苦的一面。只有想法不去行动的人也是务虚的人，再好的想法不去落地，即检验不了想法的真伪，也得不到结果。这种状态往往是属于懒惰、喜欢逃避的人。

第二节　通过人文关怀，关注员工成长

互联网信息时代，工作对于人们不仅仅意味着是一种谋生的手段，更倾向于将工作当成实现自己人生价值，体现自己人生意义的方式。所以，组织管理出现了一种现象，如果管理者或管理制度太过苛刻甚至是以处罚、严苛要求为标准的话，员工就会觉得被压制反而受不了会跳槽。

有一些企业管理者不尊重员工，在管理中倚重责备、惩罚、开除

等手段。这样员工只会把工作当成谋生的手段，不会干出精彩的工作，更不会把企业当成永久的归宿。不要以为员工因为怕你而努力工作，这样只会造成员工对工作失去积极性。如果尊重他们，他们会骄傲地工作，做得很好。

随着社会的进步和员工需求的变化，强制性管理方式的负面影响日益凸显，在一定程度上制约了职工能动性和积极性的发挥，更有甚者，员工在非常严格的制度管理过程中，工作压力和精神压力长期得不到缓解，有的选择了极端的方式了结一生，企业通过严格的制度管理，保证企业高效率、高效益的同时，对企业资本积累做出过贡献的员工还应该关注什么？对企业未来的可持续发展还应该投入什么？因此，很多管理者开始注重人文关怀，以人性化的管理体制来实现员工的自由成长。

人性化管理，就是一种在整个企业管理过程中充分注意人性要素，以充分开掘人的潜能为己任的管理模式。具体内容包含很多要素，如对人的尊重，充分的物质激励和精神激励，给人提供各种成长与发展机会，注重企业与个人的双赢战略，制定员工的生涯规划等。只有真正俘获了员工心灵的企业，才能在竞争中无往而不胜。管理中的人文关怀体现的是权利平等、民主管理，从内心深处来激发员工的工作热情和敬业度，从而将企业的可持续发展与员工个人的需要、满足及幸福实现最佳结合。

稻盛和夫的阿米巴式管理模式就是以人性化管理为基础，创建员工感觉幸福的企业。稻盛和夫认为，得到幸福有两条路——爱和工作。真正的成功者，一定是帮助别人获得成功的人；真正的幸福者，一定是为别人创造幸福的人，稻盛和夫这两点做得非常到位，他说："即使是小公司，年轻员工也是把自己的一生托付给了公司。所以公司有更重要的目的，就是保障员工及其家庭的生活，并为其谋幸福，而我必须带头为员工谋幸福，这就是我的使命。”稻盛和夫把为了追求员工及其家庭的幸福，作为公司第一目标。列第二位的目标是为了协作商的员工及其家庭的幸福，第三目标是为了客户，第四目标是为了社区，第五目标才是为了股东。正是这种管理模式，让京瓷的很多员工，一旦进入公司就以公司为家，心怀终生为公司服务的期待和愿景，把自己当成公司的一员，激发出内在的潜力，不断成长。

一个企业，员工要幸福，赚钱多是必须的，但是干得心情不舒畅也不行。如何让员工干得好并爱上工作呢？那就是让员工做自己爱做的事情，让员工按自己喜欢的方式做事情，最起码也得让员工觉得值得做、不厌烦。

所以，人性化管理作为一种管理模式，强调的是在稳定企业战略大局的前提下，充分尊重每个员工的理想，在管理中体现“人文关怀”，让管理不仅仅是拿标尺去考核或约束员工，而是更具人性化，让员工体会到公司的温馨，培养员工主人翁意识，并把这种热情转化到工作中去。

具体怎么做才能对员工做到人文关怀，关注员工不断成长呢？

第一，放权不等于放任。比如，一些管理者表面上说对员工信任，把工作交给下面之后就置之不理，任其放手发挥。到最后自己的“充分信任”却换来员工的抱怨和不信任，甚至导致工作夭折流产。其实，放任是最大的不信任，没有检查和监督的盲目“信任”，实际上是管理者失职，而这正是造成人才被埋没或流失的主要原因。

第二，取长补短，让每个人才各尽其用。优秀的管理者通常用人所长，补人所短。任何人都有优点，也有弱点，如果只看到员工的弱点，将其抛弃，那这样的领导是名副其实的“人才杀手”，如果“只用长不补短”，这样的领导是“慢性人才杀手”，因为忽视下属的弱点，放任不管，这些弱点很可能变成“致命伤”，最终也会毁了这个人才。同时，“只用长不补短”会让下级认为自己在公司只有输出，没有成长，内心失衡也会流失。

第三，上行下效，树立榜样。管理者示范往往事半功倍，所谓上行下效，很多时候一项工作能否推动要看管理者的亲身示范，管理者如果只说而不干，那整个团队工作风气肯定好不到哪去。领导带头往往会给下属信心，因为你是他们的“主心骨”，这种作用是非常强大的。

第四，赏识员工是最好的激励。每个员工都有自己的优点，但是不能以此而降低对他们的要求，严格实行高标准既是对自己工作负责，也是对下属的成长负责。很多管理者误认为欣赏下属和标准严格是对立的，要么严苛要求下属从不欣赏，要么只看到下属的长处，认为他一好百好，干脆放任不管，毫无高标准。实际上，管理者的标准低，反映的是领导本身水平低，造成对员工的要求不高。他们不相信自己能干高标准的活儿，更不相信下属也能干高标准的工作。但是人都是有上进心的，高标准要求每位员工，使员工养成高标准的习惯，其实对管理者自己也是一种提升，反过来也更能赢得下属的佩服欣赏。

随着社会竞争的加剧，人们的知识结构换代升级速度越来越快，人们的阅历和经历越来越丰富、视野越来越开阔，信息容量越来越大、交换越来越便捷，人们的自我管理能力和自我约束能力越来越强，自主选择职业和工作的空间越来越大，愿望也就越来越容易实现了。这时，人性化管理将不再只是企业的一种福利政策，更是吸纳优秀人才的可持续竞争手段。

只要细心留意，不难发现，凡是有一定品牌影响力的企业，无不在管理上非常重视人文关怀。所以说，企业管理的人文情怀，是企业发展与品牌塑造之道，同时，也是管理人员之道。

第三节　给足空间，让员工充分展现和发挥才能

常言道，“心有多大舞台就有多大”，反过来，在管理过程中如果员工有心但没有施展的空间，也无法发挥自己的优势。所以，要给员工充足的空间，让其充分展现和发挥才能。

所谓空间，对于员工来说就是晋升空间和能够大展拳脚的平台。员工有没有晋升空间，就看公司的组织架构如何，如果架构层次多，部门多，人员复杂，而且员工的年龄层次不一，那么说明这家公司的发展已经相对成熟，有空间让员工一级一级晋升。

人往高处走，无论是工作还是生活，人总要有个奔头。或者说，人基于对未来的希望，来克服当下工作中感受的辛苦与疲惫。员工来公司上班，自然对未来也是充满希望的，如职务提升、收入提升、个人发挥空间、权利影响力，乃至在公司里受尊敬的程度等。甚至不局限于本公司的发展，寻求在行业内乃至跨行业的更大发展，或是从职业模式提升

到创业模式。管理者要替员工想到这些，才能真正做到赋能。

另外，管理者的侧重点是要关注员工对公司的贡献，还是关注员工的未来成长价值，在一定程度上决定了员工的发展高度，也直接影响了公司的发展程度。注重员工贡献的公司，往往只关注目前的收益，甚少考虑到公司的未来发展；注重员工价值的公司，提供更多的培训机会，鼓励员工创新，关注公司的发展道路，因此，无论是员工还是公司，都有较明确的发展规划，员工也更愿意留在这样的公司。

比如，海底捞的员工管理非常值得关注和学习。海底捞有一条宗旨，就是所有的高层都是从底层上去的，所以这也给了不少人努力工作的积极性。大家应该也听说过，海底捞员工的工资待遇都不错，一名普通员工月薪都能达到4000元以上，而且只要肯努力工作，升职加薪很快。一名普通员工，都很有机会成为店长，坐拥30万元年薪。而且干的时间长有很大的发展空间，在海底捞，每个员工都能够凭借自身的努力向上晋升，很多高管也都是从最基层的服务员做起的，给了员工充分的晋升空间，这样会使更多的人在工作的时候充满自信和激情，更能表现自己的实力。

组织管理者给予员工充分的发展空间可以从纵横两方面考虑和设计。比如，从纵向上看，可以建立起分层级的发展空间，如职务晋升以及业务类的专业发展通道。从横向上看，在不同族类之间，可以转换和迁移或者跨种类、跨部门晋升。

在管理实践中，有一种有效的培养方式，即选拔有发展潜力的人员，有意识地进行轮岗锻炼，使之具备多个关键业务和职能领域的经验，逐步站到组织战略和系统的高度，认识、理解和把握事物，从而正确地决策、准确地执行。这种方法之所以有效，不仅因为组织对后备人才培养的重视和投入，还有一个重要原因，就是后备人选对个人的未来发展充满着期待，而这也将自发地驱动着自我的成长与发展。对于职业发展空间，组织不能简单地施以静态管理，而是要面向未来、面向市场，加快自身的发展，从而为员工提供更大的发展机遇。

在为员工提供充足发展空间的同时，也要明白员工的真正需求。一般员工的需求分为以下几个层次。

第一层次：生存需求。

每一个员工最基本的需求就是生存需求，员工要在一个企业或一个组织中立足，企业和管理者必须提供给员工基本的保障和符合心理预期的薪酬，这是让员工放心踏实的第一步。任正非正是深谙此道，将华为创建为“三高”企业，其中有一项就是高工资。他始终相信，高工资永远是第一推动力，是保证企业高效运转的首要条件，也是员工积极主动想要晋升的最有力保证。任正非明白，有付出才会有回报，而且付出的越多，得到的也就越多，他对于能够为企业做出杰出贡献的人，总是不惜在资金上大量付出，华为能够发展如此迅速，跟任正非这种策略不无关系。

第二层次：成长需求。

有了基础保障之后，员工的进一步需求则是能否在企业扎下根来，获得更长足的发展和成长。所以，作为管理者，要保证员工在企业有上升通道和晋升空间，能在企业获得培训和学习，企业提供良好成长空间，员工才会从理性上认为在这里投入努力所交换来的价值是值得的，这是一种长远性回报。

第三层次：归属需求。

当员工实现了晋升以后，下一步就是与企业建立感情，能够在组织中找到存在感和价值感。有时候，让人感动的人性化激励也能让员工为工作努力奋斗。员工在基本的生存需要和理性的成长需要得到满足后，企业要关注并满足员工感情和爱的需要，让员工产生归属感，让员工愿意长期在企业留任并努力工作，还能在感情上认可公司。

第四层次：价值需求。

当员工在基础保障上、个人晋升上以及与企业的情感联结上都得到满足以后，那么这时只需要一些适当的激励，员工便会达到完全敬业的状态。那么，一个生存、成长和归属需要都被满足的员工，此时关注的是自己价值和职业理想如何通过企业实现。比如，腾讯公司为了吸引人才刘胜义，专门为他设置了一个“网络营销服务与企业品牌执行副总裁”的职位。也正是因为这样的激励，让刘胜义帮助腾讯建立了一套能够博取广告界认可的“方法论”——腾讯智慧。在腾讯，刘胜义实现了自己的价值，腾讯也因为刘胜义实现了又一次的辉煌。

第四节 员工被尊重的时候，才是表现最好的时候

“尊重”这个词多数是在论述范围的问题时被提及的，在探讨企业管理问题的时候，就比较鲜见了，更不要说会提升到一个重要的地位。

什么是尊重？尊重就是理解对方的感受，认可他人的贡献和价值，能够站在对方角度思考问题，在言行上照顾到对方的感受和想法。一个好的领导，首先是一个尊重员工的人。管理者首先要做到尊重员工，才能进一步上升到赋能。

例如，在医疗行业，在新医改的大潮下，如何调动员工的工作积极性，已然成为困扰着各级医院的一件大事，调动员工的积极性，让员工自动自发地去工作，这件事一点都不难。大家之所以感觉到难，多数是因为各位只是过多地关注激励员工之术，而忘记了激励员工之道。道不对，术越高明，则偏离越远，真正的激励就是“尊重”员工。医院有院长，负责为医务人员创造良好的工作环境这是对内部员工的尊重，从而能够实现为患者创造良好的诊疗环境，这是对外部患者的尊重。能做到这两点，才算真正的好医院。只有医院尊重医生，医生才能尊重患者。

同样的道理，如果管理者懂得员工的才干，人尽其才地加以任用，那才是对员工才能和价值的认同，也是对员工的莫大的尊重。而员工的涌泉以报，不就是管理者所期待的吗？三国时期，诸葛孔明之所以能为刘备鞠躬尽瘁正是报刘备屈尊枉驾，三顾茅庐的知遇之恩。这正阐明了尊重的二重性和互动性。管理者对员工价值体现需要的尊重，同时员工也尊重企业使命，为公司奉献本人的价值。所以，员工被尊重的时候，才是表现最好的时候。

尊重人就能使人产生被认同感，从而对你产生感激心理。高明的管理者都十分重视尊重人。在美国，有人通过对多家成功的企业调查，发现他们成功的经验就是公司的管理者尊重每一位职工。

同级管理者之间相互尊重，可以协调彼此的关系，推进公司发展也是相当重要的。只有互相尊重，才能互相信任、平等合作，形成一种融洽的关系。现实中的有些管理者总喜欢单方面地要求别人尊重自己，却不懂得在要求别人的尊重的同时也应该尊重别人。

每一名员工都希望自己的意见、想法被管理者重视，都希望自己的能力能得到管理者的认可。一旦人们感觉到自己是被重视的，被尊重的，他们就会有一种不辱使命的心理，工作热情也就格外高昂。

尊重是人类较高层次的需要，既然是较高层次的需要，自然就不容易满足，可一旦满足了，它所产生的重大作用也是不可估量的。那么，我们该从哪些方面实现对员工的尊重呢？

第一，尊重员工的物质需求。李嘉诚曾经讲过："我对员工办法很简单：一是给他相当满意的薪金待遇，二是你要想到他将来要有能力养育他的儿女，公司要真心为员工着想。"

所以，真正的尊重，首先是尊重员工的基础物质需求。比如，员工对薪酬提出自己的要求，并且表现得有些讨价还价、斤斤计较的时候，管理者切不可认为这样的员工属于势利眼，见利忘义，只想工资不想付出。要用尊重和理解的眼光看待这样的员工。敢在工资上有要求的员工，代表这样的员工有能力，有能力才敢提要求。其次，如此员工有主见，不会任人摆布，有自己的选择权，企业招人和员工入职是个双向选择，公平是互相吸引的第一个原则。在物质水平还没有极大丰富，物质仍是员工的第一需求，也是一个员工在一个企业工作的强大动力。

第二，尊重员工的精神需求。挣钱是第一位不假。员工如果每月拿着高工资，心里却极度不开心，总是存有紧张和恐慌，甚至对于自己从事的工作没有成就感，只能算作一个挣钱的机器，不是一个有血有肉有精神的人。这种紧张和不安第一来自管理者的高压管理，第二来自顾客。管理者一味制定处罚制度，一旦违反规定就要用扣工资，罚款做惩戒，员工就会紧张。在管理上，精神需求甚至会大于物质需求。当一个员工在企业里找到了存在感和幸福感，哪怕薪金待遇不是非常丰厚，也会吸引他继续留下来。

第三，尊重员工的发展需求。一个员工能长久留在企业并不仅仅为了开心和挣工资，如果一个人不能在企业里提高和成长，20 岁的时候凭青春挣钱，30 岁凭技术挣钱，到了 40 岁怎么办，青春不在技术不能提高，拿什么安身立命？企业必须要有一套完善的晋升机制，让每个员工都有机会得到培养和提升。要热情鼓励和激励企业所有的员工去实现他们自己的目标，尽可能增加竞争发展的机会，让员工自己选择自己喜欢的职位，量才适用、扶上马、送一程，让他们在自己喜欢的事业中有所建树，真正施展自己的才华。

第四，尊重就是允许员工犯错。犯错是平凡的，原谅则是超凡的，每一位员工在出现问题的时候总会经历痛苦的心路历程，在工作中可能会出现明显的错误，在这个时候，如果管理者能够有时间等待，那么就不要着急去解决所谓的问题，因为此时员工能够感受到挫折，但尚没有经过自己内心深处深刻的反思，在此时对员工思想进行疏导或梳理，很难达到真正的目的。员工的成长是需要企业付出代价的，它不但需要专业的管理技术，更需要微妙的管理艺术，当然，每个管理者的管理艺术都不尽相同，帮助每位员工成长的方法更有很大不同，观察他、用心帮助他，这是一位优秀企业管理人员应该具备的基本素质！

第五，尊重就是为其解决后顾之忧。每一个人身后都有家庭，有跟自己千丝万缕联系的社会关系。也正是因为这样的复杂性导致员工在工作的同时还要兼顾更多。只有让员工没有后顾之忧他才能安心认真工作。员工有事请假要准许，而不是制定苛刻的制度。比如，有一家企业规定员工请病假必须要出具三甲医院的诊断证明。在我看来，这样的制度就不是一个尊重人的制度。假如员工只是拉肚子精神不好，只想在家躺着休息一下，按这样的制度要求，是不是就一定要去三甲医院？这样的硬性规定既显得管理者无知，又伤害了员工的感情。

从本质上讲，管人是一种思想、一种智慧、一种文化、一种对管理者的思维起指导作用的方法论。真正能做到尊重人，以人为本还要学习和借鉴别人正确的管理方式。没有完美的人，也没有完美的企业。只要管理者不停下追求的脚步，企业的管理只能是一天天变好，而不是一天天没落，以发展的眼光看待人，以动态的眼光发展企业。

第五节　充分授权，员工才能敢干会干

在管理上，杰克·韦尔奇有一句经典名言："管得少就是管得好。"管得少并非说明管理的作用被弱化了，效率管理，可能会产生1000%的效果。这句话说明，高明的管理者懂得如何放权和授权，那样员工

才能敢干和会干。举个简单的例子，养育孩子时如果妈妈总是担心孩子这也不会，哪也不能，对孩子是百般舍不得不敢放手，最后的结果就会导致孩子的行动力弱，时间长了，勇气和自信心也会打了折扣。就会应证了那句“慈母败儿”的现象发生。管理也一样，如果管理者不敢放权让下面的员工去干，那员工又如何成长呢？

无论你是在一个公司里管理一个部门，还是自己在运营着一家公司，你都无法真正承受孤独和孤军奋战。也许学会放手很难，尤其是事关自己辛苦建立的企业的存亡问题时，但是我们必须要学会判断何时要亲力亲为，何时要授权其他人去完成工作。

如果管理者事必躬亲，只会累坏自己。习惯于只相信自己，对别人不放心，甚至经常凭着自己的想法干预别人的工作，这是许多管理者的通病。问题是，这只会形成一个怪圈：上司喜欢从头管到尾，越管越变得事必躬亲，独断专行，疑神疑鬼；部下就越来越束手束脚，养成依赖、封闭的习惯，把主动性和创造性丢得一干二净。

任正非也说过：“现在流程上运作的干部，他们还习惯于事事都请示上级。这是错的，已经有规定，或者成为惯例的东西，不必请示，应快速让它通过去。”

所以，管理者要充分授权，才能让员工快速成长。

有人将管理者的放权和授权比喻为放风筝，要“舍得放，敢于放，放而要高，高而线韧，收放自如。”不敢放权，其核心原因是人的问题，关键点是授权人的信任和受权人的能力。高层领导只有在确信下属的能力可以用好、用对这些资源之后，才能做到真正的充分放权。否则即使有了授权也只是空文一张，最终的决策权还是在高层手中。

管理者充分授权的根本目的不是让自己轻松，而是要使人才能力更强、企业后劲更足。说到如何留住人才时，很多人都会说：要充分授权，使员工充分施展才华。但是，授权真的那么简单见效吗？授权不等于撒手不管，任下属想怎么做就怎么做。授权之后不要干预下属，不要下属事事汇报，但基本的工作汇报还是要的。而且作为管理者，要时刻关注下属的工作进展，发现苗头不对劲的时候，及时加以干预，帮下属纠正错误。

比如，海底捞作为餐饮界的传奇，在管理上就十分注重放权和授权给下面的员工。海底捞的创始人鼓励每位员工都积极参与到企业管理中来。海底捞的中高层管理人员都有一定权限的审批权或签字权。并且那些与顾客距离最近的一线员工也有着一定的决策权。

比如，一线员工可以根据情况免费赠送一些菜给顾客，还具有免单权。如果当天对顾客是个特别的日子，比如说过生日，一线员工则可以自行决定给顾客开设雅间，或者赠送果盘，在菜的价格上也可以给一定的折扣。

海底捞充分发挥以客户为中心的原则，一线员工甚至可以暂时离开自己的岗位，与顾客一起庆祝。这种管理方式，使顾客对海底捞感到很亲切，顾客也越来越多。

海底捞对员工放权的方式，开始也受到不少人质疑，认为员工可能会滥用职权，比如给自己的亲戚朋友免单等。

但实际上，海底捞的企业文化在充分赋予员工权力的同时，也坚持了完善的监督和责任体系。一旦有员工违反规定，就会受到相应的处罚，因此员工的职权得到了很好的利用。

在放权给员工的做法给海底捞带来巨大利益的同时，又大大增强了员工的自信心，激发了员工的主人翁意识。

所以，管理者既要学会放权，又要学着如何去授权，具体从哪些方面入手呢？

第一，授权不是滥放权，要明白哪些能授，哪些不能授。执行方面的事情可以授权，而作为管理者战略方面的事务就不能授权，尤其是关系到企业大方向的事务还是要管理者亲力亲为，因为员工能力不够或考虑不太周全，一旦完全授权做出错误的决策，会给企业带来非常严重的影响。管理者在为下属授权的时候，要进行多方面考察，知人善任是授权的第一步。另外，要考察职位和能力匹配的问题，不要放手给能力达不到岗位要求的人，那样权是下放了，但下属并不能执行好，会给管理者带来困扰，增加下一次授权的难度和信任度。

第二，授权也要宁缺毋滥。如果人人有权，等于人人无权。意思是说，授权不能不考虑对象而乱授权。把权力授于能够执行的人，他所起到的作用是带动和有效执行，而不能为了兼顾公平，任何人都授权。如此一来，权力被削弱到最后责任无法划分和界定。在授权时，要根据具体的工作来选择授权对象。在没有选到合适的对象之前，宁愿不授权，也不能乱授权。

第三，授权要遵循责权对等原则。得到授权的下属能够解决之前无权的问题，但也会引发新的问题。如果有了权还没有相应的责，权力容易被滥用。所以，授权在调动下属积极性时，也要让有权的同时必须有责，即明确告知授权对象应负哪些责任；其次，权责还应对等，不能权力太大，责任太小，这样下属大权在握，可能会随心所欲，为所欲为；也不能权力太小，责任太大，这样下属权力不够，有些工作可能无法顺利开展。

第四，授权就要用人不疑。授权的前提是信任，当你把工作交给下属后，就不要过多地干预，除非下属出现严重的错误需要及时处理，除此之外，你应让下属感觉自己才是这项工作的主人。正所谓“用人不疑，疑人不用。”管理者对下属的信任会让下属产生做事的积极性和主动性，又能够勇于担责。比如，优秀的管理者能够通过授权让自己从繁杂的工作中解放出来。将工作授权给下属之后从不干涉下属，也不要求下属经常汇报。

第五，有张有弛，授权不是完全不管。授权不等于给了下属权力就任由下属想怎么做就怎么做，那样会让下属找不到真正的方向，另外，也会产生权力滥用的麻烦。授权之后不要干预下属，不要让下属事事汇报，但基本的工作汇报还是要的。而且作为管理者，应该关注下属的工作进展，在发现苗头不对劲时，及时干预，帮下属纠正错误。另外，在发现下属工作偏离你的预期后，应及时采取补救措施，避免在错误的路上走得太远。

下篇　方法：

激励、执行、
创造、文化一个都不能少

第七章 团队赋能之团队激励

第一节　打破激励机制的瓶颈

在团队管理中都知道激励的重要性，能够通过激励挖掘员工的潜力和更多的价值。让员工在工作中体验到自我价值和乐趣，继而通过工作过程和结果实现自我激励。毫无疑问，这是工作激励的最佳状态，也是每一位管理者希望乐见其成的事。

但是，不是所有的激励都能管用，员工中也有消极怠工、推卸责任的事。很多的管理者，往往会把这些行为归结为工作的积极性问题。认为是员工的工作积极性不高，主观能动性太差所造成的。

因此，把大量的时间花在了调动员工积极性上。比如，使用了多种激励手段，如加薪、升职、授予权利等。当然，这些措施都是有价值的，也解决了不少员工的激励问题。但是，激励也会遇到瓶颈，给员工升职加薪，刚开始员工很开心，但一个时段兴奋期过去后，升职加薪的新鲜感一去不复返，工作没有任何改进。给员工授权方式不对，员工除了感受到工作压力增加之外，并不认为自己是得到了重用。

所以，管理者有必要搞清楚真正的激励需要发现哪些问题，并如何规避这些问题，把激励做得更好。

“激励”是现代管理学理论中一个重要的概念。激励的概念可以表述为：“人们朝着某一特定目标行动的倾向，它影响职员们怎样适应一个组织，员工们在特定地点和岗位上怀有特定的动机，会影响企业的生产率。”

企业发展理论与实践表明，员工激励在企业人力资源管理中，是一种有效的实施方法。它可以为企业避免不必要的人才流失，提高企业的绩效工资，它可以充分调动每一个员工的工作积极性与主动性，最终达到企业和员工一起发展的目标。现代企业激励机制的不健全和不完善，成为制约企业可持续发展的瓶颈，已经引起大多数企业的关注与重视。以我近年所服务的医疗行业为例。

近年来，基层医疗机构服务能力与服务水平有了显著提升，然而，人才瓶颈成了制约基层医疗机构发展的一块短板。如何做好人才储备、培养、使用等工作，是当下基层医疗机构管理者必须思考和加以解决的重要问题。

从实际情况来看，基层医疗机构面临的“人才瓶颈”包括以下几点：一是人才“引不进，留不住”。一方面，基层医疗机构引进人才难度较大，即使采取放宽录用政策、主动前往大学招聘医学专业毕业生的对策，成效依然不明显。另一方面，很多基层医疗机构花大力气培养业务精英，他们中的一部分人在学有所成后跳槽到条件更好的医疗机构，导致基层医疗机构出现人才流失和专业技术空缺的问题。二是人才结构、年龄梯度不合理。一些基层医疗机构的卫生工作人员以年龄较大的人员为主，年轻的工作人员较少。出现了招不到人、招到了也留不住或留不久、少数留下的也不是理想人才的管理瓶颈。要想招到并留住人要让员工“有干头”“有奔头”“有劲头”。医院要在日益激烈的竞争中立于不败之地，就必须加强对人的管理。在当前的社会里，医院面临市场的竞争也就是对人才的竞争。

在人才激励方面具体怎么做呢?

第一，激励要有针对性。企业的需求和员工的需求不在一个层面上，所以企业管理者要想达到自己希望的目标就要先了解员工的个人目标。不同时期企业的需求和目标不同，员工亦然，如果企业为了达到企业的需求而忽略了员工的需求，那么制定的激励机制就会缺乏针对性。需要提升技术的就让其深造，需要有自己小团队来做科研的，就给予这样的便利，薪水问题不满意的，就有针对性地提升薪金待遇，只有做到有针对性激励，才能让人有安全感和归宿感。

第二，激励手段要结合目标的制定。根据激励需要，目标的制定既不可以过于简单，也不可以高不可攀，目标最好清晰易把握，不能纸上谈兵，要落到实处。

企业要制订出中长期发展目标，并在员工中进行广泛深入的宣传，让员工看到企业发展的前景和目标。同时，企业在制订中长期发展规划时，要让员工参与，虚心听取员工的意见。参与意识是员工实现自我价值需求的表现。知识经济时代的企业员工，大多希望企业领导能给他们提供一个发挥自己全部智慧和才能的舞台，以实现自我价值，这是企业员工精神方面的一种高层次的追求，应该得到爱护和尊重。只有让员工明白企业的目标，并为他们献计献策提供机会，以满足员工实现自我价值的欲望，激发他们创造性思维的火花，才能获得许许多多不寻常的创见和有价值的建议。目标激励是从长远角度出发的激励，有利于保持员工长久积极性的发挥。

第三，授权激励要责权对等，注重沟通和信任。授权作为激励的一种，必须要责权对等。一旦权责不对等，授权会导致个人要负担更多的责任，但是却缺乏为完成任务所必需的自主权、决策权和因授权而得到的个人权益；分权与授权不能太随意，授权行为发生之后，对被授权者要充分信任，并且要选择适当的沟通方式。只有实现无障碍沟通，才能让管理者与被授权者之间能够及时把握心理状态，不会产生猜疑和不信任。

第四，激励机制要平衡绩效考核。在制定激励机制的时候往往会涉及绩效考核，而绩效考核很容易走偏。比如，常见的两种情况，一种是仅仅关注团队整体考核，而没有关注个体的努力，如此一来会出现滥竽充数或消极懒散的现象。另一种是用个体绩效考核来评价整个团队，结果导致团队成员忽视团队的互动和协同效应，最后也影响到团队绩效的最大限度发挥。另外，绩效考核不要过分重视考核结果，也要强调过程。

制定激励机制的时候，如果能打破这些常见的瓶颈和弊端，那么往往会让激励措施发挥更大的效用。

第二节　在新时代带团队，应赏罚分明

管理者带团队如同父母教育孩子，光有赏识教育不够，还要制定规则，如果孩子违反规则就要受到惩戒。同样，带团队仅仅只是激励还不够，还要做到赏罚分明。事实上，管理者越是能够做到对下属赏罚分明，越能把激励机制落到实处。既然是赏罚制度，就不能只罚而不赏，当员工有良好表现时，赏要大张旗鼓，更要让得到奖赏的员工荣耀至极，并且让其他员工都看在眼里。与此同时，我们还可以通过许诺奖赏的方法，大力引导员工积极工作，继而促成所有员工的努力进取。当然，员工有错也要进行惩戒，以儆效尤。

赏与罚并提，这二者是一个问题的两个方面，互为表里，相辅相成。只有做到二者平衡和统一，在管理过程中才能不夹带任何私人感情，是树立领导权威的一种好方法，也是保证团队制度充分执行的重要前提。一方面，适时适当的奖赏对下属来说能起到肯定、激励、鼓舞的作用；另一方面，必要的惩戒能起到纠正、禁止和威慑的作用。赏罚得当，相辅相成才能取信于下属，使人进有所得，退有所失，皆效其力。否则，将二者割裂开来，“赏善而不罚恶则乱，罚恶而不赏善亦乱”。

在实际工作中，赏罚分明是不太容易做到的，对一些管理者来说

甚至会非常的艰难。俗话说，慈不掌兵。一个合格的管理者至少是要开除过员工的，一个从来没有开除过人的管理者谈不上合格。

迁就对管理者来说是一种大忌。不要认为迁就以后，下属就一定会感激你，会更加买力地工作。迁就的后果是是非不分，会挫伤大多数员工的积极性，同时也影响员工对团队制度的认同和遵守。

带领团队需要考核和监管，在这方面，新加坡的管理可以说是一个非常好的榜样，新加坡管理一个国家更像管理一个企业，即“严”字当头，没有下不为例。随地吐痰罚款600美元，吐到第三次就面临着监禁的惩罚；在非吸烟区吸烟从大额罚款直到6个月监禁；据相关报道，在1994年，一位美国青年在新加坡往墙上涂鸦后被捕，面临着鞭刑的重处，当时的美国总统克林顿出面讲情，仍然无济于事，这位青年还是挨了鞭笞后才得以释放。正因为这些刻骨铭心的处罚，才有了新加坡在国际上公认的良好形象。

所以，无论多么优秀的员工，该追责的时候一定要追责，决不能护短和迁就，认为平时优秀可以通融，如此一来会让其他人不服，另外也会助长优秀员工的坏习惯。反过来，无论多差的员工，只要他真的做出了成绩，达到绩效考核的标准，就一定要兑现重赏。能做到这点，关键是体制要透明，一定是建立在目标清晰和职责明确的基础之上。谁做得好，谁做得不好，要一眼就能看清楚。赏罚分明的组织中会自然杜绝一些小团伙，不讲私情，一视同仁。

在团队中，管理者如何在奖与罚之间寻求平衡点至关重要。适度的奖励能激励人心，但必要的惩戒也必须采用，只是在惩戒的方式上要灵活处理。惩罚作为一种负强化手段，与奖励这种正强化手段是共生的，二者缺一不可。它可以有效地防止和纠正各种非期望行为，借以保护多数员工的主动性和积极性。但处罚制度应合理，处罚的目的是鼓励员工在工作中行为审慎。惩戒要想起到既定的目的，就得对号入座，先了解惩戒对象是哪种类型的员工，有的员工好逸恶劳，尽可能地逃避工作，并且抗拒变革，对于这种类型的员工，须以惩罚来强迫、或促使他们朝组织的目标努力，严格按照规章制度进行惩罚。

另外，在实施奖罚制度的时候也要根据不同员工的情况区别对待。比如，对于一个低端的管理者来说，罚款是有用的。对于一个优秀的管理者，罚员工的款是没用的。因为，员工是有血有肉有感情的人，罚款是所有处罚中效果最低端的一种处理方式。所有人似乎都认为，罚款之后，对方一定会因为害怕罚款而承担一定的责任。其实不然！作为管理者要懂得换位思考，多数员工对罚款的心态是，罚款就罚款吧，钱都罚了，你还想让我怎么样？根本不会再放在心上。

一个人，他所处的位置不同，他对于处罚和荣誉的承受能力完全不一样。一个部门经理，你有意无意地夸他一句很努力，他可能就激动个一两天，但是，一个基层员工，你夸他一句很努力，他整个月甚至整个季度工作都会更加努力激进。

所以，奖和罚之前也要因人而异，不能使用一刀切的奖惩制度。

第三节　团队激励：自我驱动的引擎

真正能让激励发挥长效作用的，无非是一个团队的价值认同，这种价值认同能够让每个个体都明白通过自己对于集体的付出可以获得自己需要的刚需价值。并且付出越多，获得越多，这便是自我驱动的核心原则。所以，团队激励要做的就是发动组织中的每一个人要做到自我驱动，让每个人认同团队的价值就是自己刚需的价值，才会主动构建可以交换这价值的能力，这便是自我驱动。

上过学的人都明白一个简单的道理，如果老师和家长天天催逼着学生，会给学生一个错觉，似乎这学像是给爸妈上的，成绩是给老师考的。只有让学生认为学习是自己的事，所有的知识积累和成绩都是自己的价值的时候，就会发奋读书不用再让别人来催促了。

管理也是如此，用激励手段赋能的目的和意义就是让员工有了自我驱动力。

一个企业，应该给员工机会，驱动每一个平凡的员工自我成长。我每一次给员工培训的时候都告诉他们，当别人都不学习时，你学习了就会成功；当别人都不奋斗时，你奋斗了就会成功。你们不要想着超越比你高的人，只要比你周围的同龄人努力就是成长。就会在企业中脱颖而出，会被上司当作重点培养对象，就会有更多晋升的机会。

我认为，一个员工在企业中工作，价格由管理者决定，而价值由自己决定，坚持自己很重要，知道自己的目标和方向更重要，切不可当一天和尚连钟都撞不好。上班就是一个锻炼自己的机会，能多做一定多做，混日子浪费的不但是管理者的时间，更是自己的时间。我经常对我的员工说，别人做三年不如我做三个月出成绩，时间有限，我们要拼给自己。自己不断驱动自己前进，不是靠外界强加的。这种力量是什么呢，就是想要自己变得更好的愿望。只有带出一个个能自我管理的员工，管理者才是合格的。要实现群龙无首，但每一个员工单拿出来都是一条龙，每一个人都不需要上级来指挥，而是自主为客户创造价值，即每个人都是自己的CEO。

让每个个体有表现的机会，有提升自我的环境，再加上相应付出获得的物质财富，才能让员工更好地自我驱动。让员工明白自己付出的就是可以获得自己每个阶段所需的刚需价值。组织中的自我驱动最终还是回归到了个体，自我驱动的最终就是让其认识到这是在给自己干，给自己创造价值，并且组织还给你提供了给自己刚需的资源、商业环境。

想让一个员工具备自我驱动力，企业要给他们提供做事的机会、学习的机会、晋升的机会和赚钱的机会。订立弹性的工作制度，让每个员工能创造性地去做事；一定要给员工提供学习的机会，通过系统的培训，让员工掌握本职工作所需要的知识和技能，让员工不断进步；给每个员工一个职业发展规划，让大家看到未来，让他们有一个合理又科学的晋升通道；有了这些机会，员工的主动性就会增强，员工的薪水也相对提高，他们就会觉得在你这里工作有一种优越感，比周围的同龄人强一些。在物理中要使一个物体朝某个方向移动，必然要受一个力的牵引。这个力可以是一个单纯的力，也可以是几个或多个力的合力。我想工作也是如此，不但让员工有生存驱动力，还要有价值驱动力。

管理界都认为海底捞模式别人学不会，张勇曾说："海底捞所有的东西都可以去动，都可以去改变，但是有一样东西不能改变，就是'双手改变自己命运的价值观'。"靠着每个人的热情海底捞最终形成强大的燎原之势。

那么有哪些技巧可帮助员工进行自我驱动呢？

一、向下属表达积极预期

比如管理者应该常常对员工说诸如以下积极鼓励性的话：

我相信你……我对你有十足的信心……

你是最优秀的……

我因你而自豪……

放心，你一定能……

你一定能做得很棒！

总之，通过向他们表达你对他们积极的预期，改变他们看待自己的方式，让他主动地去证明你的期望。

二、给员工主人翁的感觉

比如海底捞的员工有免单权，这就是一种主人翁的感觉。当一个人认为自己是主人的时候，才能尽心竭力，把"他们"转换为"我们"就是在强化主人翁意识。比如说关心员工的职业发展；有意识地让员工参与讨论与决策；公司发生的事情让员工知情；用"90后"管理"90后"；启发他们自己寻找答案等，都是赋予下属主人翁意识的办法。

三、与下属的心声产生共鸣

每当我们对某人给予关注的时候，我们就是对这个人赋予价值。而最深刻的关注，则是与其内心深处所秉持的信念产生共鸣。我们发现，一个人之所以坚持，那是因为他遵从了自己内心的声音。而一个人做出一个选择，也常常是因为他内心声音的驱使！什么得到认同，什么就会再次发生。如果管理者与员工的心声产生共鸣，员工就会把管理者当成真正的“知己”，那么“士为知己者死”这一条法则会让员工产生强烈的自驱力。

四、关注和发挥下属的优势

人的内心越是喜欢自己、尊重自己，其外在表现就越好，会为自己树立更高的目标，为工作设定更高的标准；喜欢自己的人会推己及人，更喜欢他人，更具有团队精神。而发现并利用好自己的优势是任何人赢得自尊的最有力途径。所以管理者应把注意力放在员工的优势上，并告诉员工你在欣赏他。

所以，帮助下属建立起健康的自我，就能让他与外部世界的关系变得更加积极，自我驱动的目的自然可以达到。

有了自驱力，才能实现所谓的自管理，后者是前者的果，而非因。有些企业要么一管就死，要么一放就乱，以为自管理等于放权，让员工放手去干自己想干的事儿就行了，殊不知，如果你的组织不能释放员工的自驱力，盲目鼓吹自我管理，只会养懒汉，泄士气，最后又回到靠权威驱动的老路。

所以，企业要赋能需下功夫，管理者要唤醒员工的自驱力，才是组织发展壮大的原动力。

第四节　激励手段背后的重要逻辑

激励不是一个简单的物质奖励或精神奖励，管理者要追求的是如何让下属听你的话，这里的听话不是因为怕你，而是尊重你，或者尊重你的价值观。如此，激励手段才有效。

激励的最终目的是让下属乐于接受并遵照执行。所以，管理者要弄清激励后面的重要逻辑，无论是激发员工的自驱力还是有自主创新精神，最终靠的不是教导而是对员工的引导。

员工的不作为，直接影响了企业销量、影响了内部团结、影响了客户服务、影响了营销落地，所以，绝对不能放任这样的因素不管，每一个管理者，都必须特别重视起来！

人都是需要引导的，管理者不能仅仅只是以满足员工需求为管理理念，而是应该以“掌控”的管理理念去管理员工。因为人都是需要引导的，员工的坏，也只是被引导改变后的坏，当你用好去引导之后，他就会变成好！

比如，通过引入具有相同职位的人才，或赋予其他员工相应权利及责任，以此对现有的员工产生职位受威胁的心理，使其为了自己的“利益”主动做事。

另外，组织也非常需要去引入具有“极高工作热情”的人才，通过这样的人才，使组织出现热闹、欢快、积累、光明的氛围，而其他员工将会在不知不觉间就被同化！

每个人天生不喜欢被教导，不喜欢被人高高在上的指责或批评。教条式的管理者和管理方法，大部分会招致员工的反感，接受起来就会困难甚至排斥。

传统企业的管理重教导，对新老员工大多采取教导模式，常见的现象就是领导在前面讲得唾沫横飞，前面员工一个个默默听着，甚至还有的管理者为了显示自己的权威，带有训斥或训诫的口吻。

随着时代发展，人们接受外界信息的方式更多样化，思想观念更新换代更快速，特别是教育的飞速发展，使得作为当今企业主体从业人员的“80后”和“90后”更加强调个性化和个人尊重。因此，他们不会轻易盲从管理者没有价值的观点和“训诫”。他们更愿意在遇到问题、解决问题的实际工作过程中成长。

这些员工心中认为的好领导是做事亲切不骂人，和我们是一条战线上的战友，而不是动不动就冲我们吼，有了问题先对人再对事，不问青红皂白骂员工。他们希望管理者能控制情绪，不是高高在上的上帝，他是和下属在一起的工作伙伴，为一个目标去努力。而不是经常态度蛮横、急躁，不顾员工自尊的领导。不是每天一开门就站在店里训话，不顾员工情绪，没有时间观念，一训好几个小时的领导，甚至有的企业领导全是高压政策，做不好罚，做错了罚，没达业绩罚，眼里只有业绩只认钱，不顾员工也是正常的人，也需要被尊重和理解。

所以，如果要做赋能型的管理者，对下属的激励逻辑要靠引导而不是教导，更不是不讲策略的生硬指责和惩罚。

既然是引导那么对管理者也提出了新的、更高的要求，想引导别人首先要有榜样效应，管理者以身作则才能引导下属，这点说起来容易做起来不容易。

比如每天你的工作都是按时高质量地完成了吗？你每天都是准时上班吗？在工作中你做到公平、公正地对待每一位员工了吗？即使这个员工与你有过个人恩怨。管理者每天去现场吗？发现问题及时在现场与员工沟通或尊重员工提出的合理建议了吗？有时你可以与员工一起工作一下，让员工觉得你和他都是一样的，不是高高在上的管理者。管理者这样做了，才能起到积极的引导作用，比对着员工说一百遍还有效。

传统企业时代，找工作不容易，很多人一旦有个铁饭碗的工作会倍感珍惜，管理者即使训斥也似乎没什么大问题，多数人会为了养家糊口默默忍受。随着互联网的发展，工作已经不再是铁饭碗，更多的人看得更清，哪里工作舒服，干得舒心才愿意留下，一旦有不舒服的感觉就会拍屁股走人。就业范围广，自主创业的多，造成很多人不再屈尊于一家企业一个管理者。

因此，现在很多人择业多半都是对这方面有兴趣而选择这项工作。因为自身兴趣投入一个行业，就不会绝对服从经营者，甚至会去衡量怎样的管理者才适合自己。这也更加考验经营管理者的管理能力，以前那种“我是管理者，你们要绝对服从我”的状态要改变，改成“我们同是热爱这个行业的人，共谋发展，共同进步。”

海底捞在激励员工的时候，有几个非常关键的点。

第一，人比制度更重要。海底捞有很多制度，比如，他们的工资制度、晋升制度、新员工培训制度、新员工接待制度等。这些制度没有爬在纸上打瞌睡，而是真正实打实地去执行，让海底捞的每一个员工精神抖擞。

第二，海底捞员工放第一位，顾客放第二位，他们的宣言是一名管理人员一天感动 10 名顾客，还不如一天感动 5 名员工。

第三，神奇的工会组织。工会的加入条件相当严格，最关键的一条是要宣誓终生在海底捞工作，直到退休，即使海底捞垮了也不离开。这是铁杆员工机制。为什么会宣誓，是因为管理者先做到了为员工谋福利，才有员工捍卫企业的利益。

海底捞的团队文化给了他的员工有力的支持，所以业界才有“海底捞的员工很少离职”的传言。

激励的手段除了要符合管理者起引领作用之外，还要有正确的价值观和文化氛围。企业通过文化的导入、知识的传播、员工的职业训练和建立企业良好的机制与氛围，打造这样的一个健康平台，让一个原本不是很好的人变成一个好的人。一个好的制度能让一个坏人变好，一个坏的制度能让好人变坏人，所以这是非常关键的。让一个原本专业资质平庸的人经由企业的训练变成一个行业优秀人才。企业要用正向的观念去引导员工，训练员工。

做为企业管理者必须要通过积极引导代替生硬教导去培养自己的人才，使企业获得人力资源的自我更新能力，实现从普通到优秀，从优秀到卓越的自我超越。这才是激励手段背后的重要逻辑。

第五节　用成就梦想来激励团队

团队激励，重在“团队”二字。团队是一群为数不多的、具有相互补充技能的人组成的一个群体，他们相互承诺，具有明确的团队目标且共同承担团队责任。团队的激励手段用的最为有效的是大家都朝同一个梦想去努力，这样一来，就会实现企业梦想大于个人梦想。让一群有价值的人聚在一起，共同铸就属于每一个人的梦想。

心往一处想，劲儿才能往一处使。在团队合作下，没有完成不了的任务，没有实现不了的成就，也没有遥不可及的梦想。团队精神可以令梦想变成现实。

给一个团队赋能就是要用共同的梦想来激励整个团队，阿里集团的张勇在演讲中是这样描述一个团队梦想的。

我到阿里很快就满 9 年了，再过几天就是整整九年。我在回想我来阿里的第一天是不是梦想驱动的，当时没想那么多，只是觉得这是一个好的舞台。电子商务在 2007 年的时候刚刚开始，淘宝当然已经很有名了，好像未来会更大，会更广阔。谈一个朴素的话题，梦想怎么会有。我坦率跟大家讲，我来的时候根本没那么大的梦想，只是觉得有一个好的舞台，工作会有光明的未来就好了。但是来了以后，怎么会有梦想，你说今天有没有梦想？我说肯定有，而且我也特别想说，在这个过程当中，梦想怎么来的，一定是通过不断的工作以后，发现自己工作的结果能够为你所服务的客户、你所服务的消费者，甚至我们一起合作的同事，能够创造价值，这个时候产生了一种奇妙的自我激励，这个时候就来了梦想。

我这样讲，我们的梦想不是喊口号来的，也不是靠一次会议激发来的。我们所有的梦想都来自于每一天踏踏实实的工作，我们每一天聚焦于一点一滴去为我们的客户、为我们的用户、为我们的合作伙伴，无论是外部还是内部，创造实实在在的价值。

所以，当一个员工加入一个组织或企业时有没有梦想并不重要，重要的是他在工作的过程中能否看到这个团队中的梦想，看到大家一起努力向前的那种激情和决心。这也是决定一个员工能走得多远，一个企业能走得多好的根本动力。

在这个瞬息万变的世界里，单打独斗者，路就越走越窄，选择志同道合的伙伴，就是选择了成功。用梦想去组建一个团队，用团队去实现一个梦想。一个人是谁并不重要，重要的是他站在那里的时候，在他身后站着的是一群什么样的人！

《西游记》的结局中，师徒四人取得真经修成正果，靠的正是成就梦想来激励整个团队。

唐僧有着坚定的信念和信仰，不达目标不罢休，哪怕经过重重磨难依然西行之志不改。孙悟空靠的是能力和人脉，没办法的时候会借力。最终实现了护送师父一路西去的目标，也完成了观世音菩萨的点化和嘱托还了师父的知遇之恩。猪八戒靠的是选对了团队跟对了人，不但摆脱了当妖怪的状态，最后还成为了净坛使者。沙和尚靠的是承担、简单、听话、照做，为整个团队默默付出最多，最终也成了一名罗汉。如果没有团队的共同激励，他们最终都是一盘散沙，不可能修成正果。

为什么有些团队在运作一段时间之后会出现业绩下滑、团队动势减缓等现象呢？其中一个重要原因就是团队遭遇到了动力危机。那么，应该怎样克服这种由于目标无望而造成的团队动力危机呢？

首先是强化梦想，用梦想激励整个团队。事实上，每一个人都会忠实于自己的梦想。一个团队出现动力危机的原因不在于公司、产品、制度……而在于团队成员是否还有勇气继续追求梦想。所以在团队的管理过程中，需要找到每一个人真正的梦想，并且不断强化他们的梦想。

其次是在实际的运作过程中不断地调整目标。有很多员工常常在经历了某些激励和感染之后便草率地喊出口号，制定目标。而这样的目标由于没有进行理性的市场调研，往往不切实际，结果势必经不起市场考验。团队运作不仅仅需要激情和热情，还需要冷静和理性。管理者要客观地对当时的市场状况进行考察，对自身实力进行评估，从而制定出整个团队切实可行的方案，并且在实际运作过程中进行适当调整，比盲目的煽动和激励来得更加有效和实在。

第八章
团队赋能之执行力

第一节 赋能让团队执行力得到激活

做企业培训久了，经常听到管理者提出疑惑：为何我的团队总是无法执行我的决定？为何我的想法总是不能及时变成现实呢？是我在管理上存在问题，还是我招到的这些人到这儿来就是跟我作对的？

比如，领导经常大费周章地交代任务，但员工的执行效果却差强人意。这类现象尤其在新生代员工中屡见不鲜。管理者如何打造出一支具有高效执行力的团队，以实现经营目标与人才需求的完美结合呢？要打造高效执行力团队，管理者要学会“带人”，通过“言传”和“身教”来达到“意志转移”，并通过模板化、提前策划等方法和工具来做过程设计，减少执行不到位的概率。同时，作为团队大多数的员工，也要培养执行意识和过程沟通能力。做到这些就是真正的赋能团队，只有团队被赋能才能真正激活组织的执行力。

长久以来，团队执行力都是一个热门的话题。不管是过去的传统企业，还是当今盛行的互联网企业，执行力依然是众多团队组织关心的问题，也是让各企业管理者感到头疼的永恒话题。因为离开了执行力，团队和组织的发展就无从谈起。执行力弱，企业也就无法发展壮大！

什么是执行、执行力、团队执行力？执行，就是把商业目标变成商业结果的行动！执行力，就是把商业目标变成商业结果的行动能力！团队执行力，就是实现公司战略目标的组织能力！

执行力就是把目标变成行动，把行动变成结果的能力。对于一个组织，是将长期战略一步步落到实处的能力。执行力是取得成功的必要条件，个人和集体的成功都离不开好的执行力。

组织或管理的失败都源于执行力太差。行动是治愈恐惧的良药，而犹豫、拖延将不断滋生恐惧。管理中，如果员工说的比做的多，做事拖拉爱找借口，这些表现就是缺乏执行力。

为什么说赋能可以让团队的执行力得到激活呢？因为执行力说到根源还是自驱力，一个有自我驱动力的员工执行力一定不会差。如果每个员工的自驱力很好，自然而然会形成敏捷的团队执行力。执行力的根本就是自愿力。而赋能的终极意义在于让每个人都能受到激励或启发，最终发展成为具有自愿力的人。

一个组织或团队能不能有好业绩，其实和员工的执行力有着很大的关系，执行力好的员工能够很快完成安排的任务，而执行力低的员工则会拖拖拉拉，甚至影响整个团队进度。

刚开始组建团队时员工非常有激情，任务完成得效率很高。但是时间久了，员工的积极性越来越低，工作完成的质量也越来越差，最重要的是很多管理者也不知道是因为什么导致了团队缺乏活力和执行力。

其实影响员工执行力的原因有很多，比如员工自身没有得到提升，认识到工作并不是原来所承诺的那样；或者要求他们做一些不道德的事情，获悉公司正在做一项不道德的事情；再或者认为与其他做同样工作的人相比，自己获得的报酬低。此外还有，管理者因为一些私事滥施权威、一个好的同事辞职或被解雇、与管理者意见不合、与同事闹矛盾了、工资增幅过低等，只要细心观察，你会发现影响员工积极性的因素其实还有很多。所以，必须通过赋能来激活团队的执行力。具体从哪些方面入手来改善呢?

第一，要认识到执行力和工作效率不是孤立的，是良好的工作态度和平时养成的好习惯与专业的工作技能结合而来的。既然不是孤立的，那么在激活团队执行力的过程中就要综合去对待，要分别对执行的人、执行的期限、执行的方法以及执行的流程进行把控。只有从多方面入手去改善，才能让团队的执行力、综合素质得到提高。

第二，紧跟时代发展脚步不断调整和改进管理模式和思路。现在人们追求的大部分是生活的快乐，而工作的最终指向也是能有更好的生活。所以，管理者要把工作变得开心简单。一旦员工在工作中没有太大的压力，能够在工作中寻找到乐趣，那么就会把工作当成快乐生活的一部分。如果管理者能够在其他方面通过一些形式给员工提供激励措施，那么员工就会更加热爱工作，人一旦热爱就会投入更多的精力去把工作做好，那么执行力又怎么会不高呢？

要让企业文化不断深入人心直至根深蒂固，让每个员工把企业当成自己的家，让企业精神成为每个员工的精神、企业愿景成为每个员工共同的目标，大家心往一块想，劲往一处使，还有什么事情做不成？还有什么困难战胜不了？

第三，管理者要有明确的目标和实施计划，对执行力要有督促、检查和考核。执行力低的组织一般会分不清问题的轻重缓急，所以导致重要的、急迫的事情反而执行不力，在不太重要的事情上反而耽误过多的时间。人往往是因为做急的事情，而忽视了重要的事情，因为重要的事情往往也是有难度的事情。所以对重要的事情更需要运用目标管理，用绩效考核的方式保证管理的效果。

第四，执行力也需要榜样效应。作为管理者，要想让团队成员做到具有敏捷的执行力，自身要不断加强学习。只有修己才能安人，管理者修炼出好的态度和人品才能让下属信服和追随。修炼出做事的能力才能完成自己的任务，这是实现团队目标的基础。另外，作为管理者，沟通能力尤为重要，它是发现问题、解决问题的基础，是管理的核心。管理者需要每天花十分钟学习，逐步养成习惯，一年后增加到半小时甚至一小时，将会每天都有提高，这是一个日积月累、潜移默化的过程。这样的精进给员工就能起到带动和榜样作用。

第二节 执行力与目标的相关性

执行力好不好跟团队的目标有非常大的关系。为什么这么说呢?我们先看看目标，比如，如果你想要造一艘船，先不要雇人去收集木头，也不要分配任务，而是去激发他们对海洋的渴望。比如在迟疑不决的时候，不妨先迈出一小步，最后逐渐实现一大步的跨越。许多人一生都在捕鱼，却始终不知道自己追求的目标不是鱼。所以，真正想要执行到位，首先要明确目标是什么。

在这里我与大家分享一个例子。

有个高中生成绩不是很好，他就一直想提升成绩。他对自己说，一定要把成绩提上去。他努力了一个学期，结果期末考试的时候，成绩还是一样，没啥提升。第二个学期，他跑去问老师，为什么他明明已经很努力了，成绩却还是上不去。老师就问他：你想提高成绩，具体是想提高哪一科的成绩？提高多少分？达到多少分？结果，这个学生一脸茫然，并不能具体回答出来自己的目标。因为他想的只是提高成绩，而没有想过自己要在哪一门功课上提升，具体提高多少分。

于是他按照老师给的计划，先要找到一个目标，找到自己最弱的那一门功课，有针对性地去攻克，还要想到具体提高分数的计划和预期。就这样，他开始从自己的所有学科中找，发现语文文言文方面是自己的弱项，于是定了一个目标，想要在本学期末将语文成绩从之前刚过 80 分提高到 90 分以上，并且下决心主攻文言文。然后他就朝着这个分数，一直努力奋斗……

结果一个月后的月考中，他的语文成绩接近满分。

通过这个例子，我们可以看出制定目标的重要性。如果在做一件事情时，不制定一个目标，那么我们的努力就没有方向，就是白费的。

团队执行力跟个人的目标大同小异，一个人想要过什么样的生活，就得有一个长远目标。如果想实现这个长远目标，就要用心去做当下的事情，突破一个个小目标。

比如 50 岁的时候想要过上不为生活奔波，不为钱工作的生活，那么在 40 岁、30 岁，甚至 20 岁的时候就要有计划地做规划并执行。这就是把目标分解，先把自己内心想要的东西想清楚，把目标想清楚。有了目标之后就是如何把一个大的目标进行分解，分解完了之后就变成具体的执行计划。比如今年我定下一个目标：就是要出一本书，所以，在写这本书的前一年我就有意识地积累关于赋能方面的资料和知识。所以，有了这个目标之后，下一步考验的就是我的执行力。我把自己每次的讲课内容都整理成资料备用，然后有意识地提升自己在赋能方面的认知，才有了这本书的诞生。

所以，团队执行力需要一个明确的目标。只有当目标明确后，执行力才有了前进的方向；目标明确后，不同的职能部门、不同的员工在工作中才能形成一股合力，从而更好地发挥出企业团队的力量，表现出知识与技能的聚合作用，从而更好地促进目标的完成。

目标的决策形成与执行是一个系统的过程，首先需要建立共同愿景。企业的执行力最终表现为团队力量，要形成团队强大的执行力，首先需要形成一种共同愿景，让员工看到企业发展的前途和方向，保持行为的一致性，为共同的奋斗目标而努力，有效地提高企业的执行力。这种一致性并不是来自于策略目标，而是企业在对内外部信息和各类资源进行认真分析，考虑到执行的可行性，特别是建立在对一系列问题得以确认并提出构想的基础上所制定的共同目标，并且实施中被员工理解和支持，最终才能形成共同愿景。

所以，执行力和目标是一件事物的两个面，这两点，缺一不可，狭隘的目标没有执行的意义，缺乏执行也会让远大的目标沦为空谈。

那么，如何将已经存在的目标化为执行力呢？事实上，很多组织并不缺乏真正有意义的目标，但很少见到有组织能真正驱动使命。为什么呢？

首先，团队中设计目标的人，没有清晰地将目标化为可遵循的原则、有影响力的文化、可复制的流程；

其次，执行者没有形成共同的愿景，而是各扫自家门前雪，局部目标与整体目标脱离。

所以，从以上两个原因来找突破口的话，要将一个团队的目标转化为执行力，需要整个组织或团队参与，上至管理者，下至普通员工。在设计与执行阶段，都同时需要多个层次的人共同参与；这与传统的一方设计另一方执行有明显的区别。具体执行的步骤可以这样：

首先是把目标自上而下分解，不要让执行的人感觉任务太难必须放弃，而是要让组织中的每一个成员从目标中看到一致性，从而达成共识。

其次是要做到自下而上的融合，执行者要将自己、局部的目标与整体目标进行连接，从而使自己成为对整体目标有意义的一部分。这两个步骤，缺一不可，无论哪一个步骤没有做到，都无法真正做到化目标为执行力。

第三节　执行力从管理者开始

和众多的管理者们交流，谈论最多的不是战略和策略的问题，最多的却是执行力的问题。

很多管理者经常感到自己的好想法不能实现，具体表现在：新的营销策略已经开会说明了，一到下面就走样；即便确实按照上级的指示去做了，但就是产生不了预期的结果；财务部对促销费用审核非常严格，但年终核算时发现费用增加了但业务量没增加；部门经理都签了目标责任书了，但还是完成不了任务；员工都在忙，但就是不出成绩；一件小事吩咐下去 1 个月还解决不了，并且没有主动的反馈，要等到自己过问才知道……此时，大部分管理者都认为组织执行力差是员工能力和态度的问题，其实，这种观点是不对的。执行力差仅仅是现象，而管理不善才是本质。执行力强弱是现象，有提高员工执行力的机制才是本质。实际上可以这样认为：个别员工执行力差是能力的问题；当团队执行力差的时候，应该从管理者身上找问题。

大部分公司把执行力的培训当成了培养员工无条件服从的活动，从而使执行力等同于员工的服从性，提高员工执行力的培训变成了对员工进行的“奴化”教育。其实，在大多数组织中，似乎都存在这么一种观念：无论如何，只要结果不好，那么员工总是有罪的……事实上，导致工作失败的很多原因都与组织有关，且在员工所能直接影响的范围之外。真正执行不力的问题，根源都在管理者身上，或者不失偏颇地说，真正需要执行的首先要从管理者下手。

为什么这么说呢？如果单纯要求员工的执行力，员工会有很多执行不力的原因。

第一，员工摸不着门道不知道干什么。如果管理者没有率先垂范，或者也没有明确的提令和目标，单凭下命令让员工执行，往往会导致员工很茫然，只好靠自己的悟性和惯性去理解和做事，遇到公司策略反复修改、信息沟通不到位，这样就会使员工的工作重点与公司脱节，想要员工执行到位就有困难。

第二，员工不知道如何去干。有的企业已经明白员工入职后进行严格培训的好处，轮岗的好处，并且每年都有带薪培训和专业拓展。而多数企业还停留在野蛮生长阶段，要么不培训直接上岗，要么没有针对性地去培训，虽然企业进行团建活动很红火，但是仅仅停留在激励和团队建设，使员工激情澎湃，但在专业领域依然没有多大提升，没有宏观的战略规划，使员工浑身有劲但不知道使向哪里。但深层的原因还是由于管理者没有交待清楚，也没有给予示范，导致员工出现执行不力的现象时有发生。

第三，员工干的不能得心应手。有很多管理者知道执行力的前提是需要授权，但权利放的又不彻底，员工干什么都得申请、报批，上面如果遇到管理层多，层层上报，导致员工心有余力不足，觉得干的很不自在，不得心应手。假设遇到不懂流程的人管理一伙懂流程的人，还要指手划脚，那么下面执行的人又如何能够放开手脚呢？

第四，员工不知道干好了有什么好处。一般企业都知道员工干不好如何惩罚，却忽略了员工干好了有什么奖励，只有管理者提前把好处和前景描绘得诱人，才能让员工一心向往。管理者意识到了这个问题，激励措施也在大大增强，但是在制定激励政策时却往往犯了一个错误，就是把政策制定得太过复杂，使员工很难算出来下个月自己花多少精力达到什么结果就能拿多少奖金。这样就使激励政策的作用大打折扣。

第五，管理者对于惩罚力度有偏差。有奖有惩是最好的激励手段，但大部分企业却并没有掌握一个力度，往往考核指标不合理成了企业最常犯的错误，突出表现在定性指标太多，诸如团队精神、创新能力、忠诚度等五花八门的指标，这些指标的考核分带有太多的人为因素，而实际生活中又偏偏有一个共性的现象，就是“业务能力强的人往往不太听话，不干活的人往往人缘比较好”，这会造成什么后果呢？不干活的人照样能够获得很高的综合评分，个人利益不受影响。还有一些管理者跟下属有关系，比如血缘关系，地缘关系等，在规则面前，规则让位于人情，该处罚的不处罚，能放一马就放一马；有的是自己的人，当然不能处罚；有的虽然是民企但是保留着国企作风，你好我好大家好。当罚而不罚严重破坏了游戏规则，如此一来，执行力因管理者的偏差而出现偏差。

所以，执行力要从管理者下手，需要从几个方面来进行。

首先，管理者要把执行的目标讲清楚。确定目标口头协定效果较弱，如果管理者能够使用辅助工具，制作一些工作单，上面明确描述工作的内容、期望结果、完成时间、主要负责人、辅助人，大家签字生效。如此一来，员工感知到的不仅仅是清晰的方向，还有郑重的承诺，在执行的时候就会有积极的态度。同时，工作单还能让下属不用直接面对管理者，不会产生抵触或不懂也不敢细问的麻烦。所以，工作单的主要作用是要让工作要求更加清楚，而不是为了签字落实责任。

其次，执行时要有方法可依。管理者在制定了目标之后，要考虑到执行层，执行层的任务既然是执行，管理者就应该假设他们没有思想，从而为其提供具体的操作方法。一个方法需要经过论证、实施和反馈三个环节。论证的意义就是管理层不能凭自己的意愿随意订目标或计划，而是要根据市场需要确定。然后在具体的实施过程中及时反馈，如果好就继续，不好则要积极改进。对于执行层来说，传授工具和方法远比传递思想更重要，励志培训不会带来多少业务增长，解决问题更多是靠方法而非热情；任何一个方法总有不足之处，执行中的反馈有助于使其进一步完善。

再次，执行过程流程要合理。所谓流程合理就是不能出现外行管内行，责权利不对等的情况。常见的现象就是人力资源部门并不了解销售部和财务部的真实情况，却能够随意辞退员工，这样一来，在人才选用上就会有失水准，只有先摸清各部门员工的真实水平，才能行使这样的权利。

要想使流程合理，首先要转变管理思想，一是管理者要适度放权，二是部门之间要强化支持功能、淡化管理功能，尤其是不能让外行管内行。比如，一个人力资源部门经理如何评价一个营销总监的工作是否合格呢？反过来，人力资源认为合格的人一定拥有执行力吗？在很多企业，人力资源在员工招聘和管理中发挥了过多的作用，导致员工多干活多犯错，不干活不犯错，只要态度好就行。这样的公司很难做出好业绩。人力资源部门还是加强办理员工保险福利等支持功能为好。

第四节　执行力需要唤起员工的竞争意识

同样的企业或团队组织会有不同的表现。有的企业内部毫无生气，员工机械地工作着，而有的企业则生机勃勃，大家你追我赶，都在努力工作。这是怎么一回事呢？原因固然是多方面的，但是缺乏竞争的氛围无疑是一个很重要的原因。

因为，一个人有了竞争意识，才会时刻意识到自己要做得好，超过别人，赢得尊重和信任，如此一来，拥有竞争意识的人在做事之前会有周密的安排，有条理、有次序、科学地安排一切事情，想方设法解决一切困难和存在的问题。

人在没有竞争的环境下容易故步自封，进取心也随之减退。反之，营造一种良好的竞争氛围，就能调动人们的工作热情和积极性。

马蝇效应认为，再懒惰的马，只要身上有马蝇叮咬，它也会精神抖擞，飞快奔跑。给我们的管理启示是：有压力才有动力，管理者想要员工具备执行力，就要培养员工的竞争意识。

比如，麦当劳的管理案例值得借鉴。

麦当劳公司为激励员工的工作热情，给勤奋上进的年轻员工提供了不断向上晋升的机会。公司规定，表现出色的年轻员工在进入麦当劳半年后成为一级助理，也就是经理的左膀右臂。在这个阶段之后，那些表现突出的一级助理就会被提升为经理，使他们当管理者的心愿得到实现。

麦当劳为了使优秀人才能早日得到晋升，设立了这样一种机制：无论管理人员多么有才华，工作多么出色，如果他没有预先培养自己的接班人，那么其在公司里的升迁将不被考虑。这一机制保证了麦当劳的管理人才不会出现青黄不接的情况，由于这关系到每个人的前途和声誉，所以每个人都会尽一切努力培养接班人，并保证为新来的员工提供成长的机会。这种激励机制正像马蝇一样，使马儿们快速地奔跑起来了。

想要唤醒员工的竞争意识，对于那些优秀的榜样员工，管理者就必须要进行重奖和重用。榜样的力量是无穷的，在榜样的刺激和激励下，整个团队的氛围都会变得不一样。就像一列火车，火车跑得快，全靠车头带，优秀的榜样员工就是火车头，能让整个团队保持干劲和热情。

在唤醒员工竞争意识方面具体怎么做呢？

第一，重效率，薪酬给的越高，完成工作需要的人越少。找最少的人完成工作就是用高效去提升竞争意识。用人少给的报酬高和用人多给的报酬低成本是一样的，但效率却有天壤之别。高薪人少的工作，员工的满意度高，队伍相对稳定，主动性和积极性都会不断提升，员工的竞争力也必然提升。

第二，让员工感知和体验市场压力。执行力差的企业往往是管理者焦头烂额忙成热锅上的蚂蚁，而员工却乐得清闲当和尚连钟都不撞。所以，管理者要把市场压力让员工知晓唤醒员工的竞争意识，只有企业顺利发展和成长，才能给予员工更好的平台和发展。通过将企业的市场竞争力带到员工身上，员工的竞争力自然就会增加，进而增加了员工的积极性。

第三，与员工推心置腹地进行沟通。管理者如果是一副高高在上的状态，员工也会与之隔着距离，当管理者与下属心与心的距离越来越远时，怎么可能上下同欲，团队同心呢？所以，管理者要有意识地与员工谈心，越是推心置腹地沟通，越能让员工敞开心扉说出背后不曾观察到的问题，然后对症下药。所谓带人要带心，有时候不能单靠管理制度。亲身融入新进人员之间的互动，才能有效凝聚大家的向心力，建立起员工的竞争力的工作环境。

第四，用积分制来促使竞争意识的觉醒。积分排名的作用对员工具有强有力的激励作用。对于积分排名在最后面的那一部分员工，这能够使他们产生强烈的危机意识，让他们意识到在这样一个处处充满竞争压力的大环境中优胜劣汰的危机意识，积分排名过低不仅仅导致员工在企业里面的物质利益和非物质利益受损，而且还有可能使自己的就业机会受到威胁。这样他们就会更加珍惜当前的工作机会，从而大力提高自己工作的积极性和创造性。排名是企业内部社会分层的一种有效方法。根据每个部门每个员工所挣得积分的多少来进行积分等级排名，实质上是通过积分排名在企业内部对员工形成一个由高到低的排名。这可以促使那些在工作上懈怠散漫、停滞不前，对工作敷衍了事、不思进取的员工竞争意识觉醒，使他们积极改变工作态度、转变工作方式。积分制这种管理方法量化考核员工的综合表现，积分与各种福利挂钩，调动员工的内在动力，进而也提升了员工的竞争力，让员工主动创新、主动作为。

第五节　执行重“功劳”不要“苦劳”

在团队管理的过程中，功劳是对事业做出了突出的贡献，超越了平凡的劳动。正是因为“功劳”超越了平凡的劳动，才能彰显出不同的价值，才能引起世人的竞相追逐。苦劳，是在苦难之中劳作，是带着痛苦之心劳作，是寄托在不情愿基础上的、难以断定价值的苦心劳形。从本质上讲，“苦劳”所产生的贡献难以断定，苦劳如果不能创造效益，就无法确认为是功劳。有时“苦劳”消耗了时间、延误了时机，甚至带来的负面影响值得思考。无论是战事还是管理，执行力钟情的是功劳！这也是各类企业追求的主流文化。史玉柱为脑白金和《征途》提出的企业理念是：说到做到，严己宽人，只认功劳，不认苦劳。这十六个字也可以理解成是企业执行力不可或缺的元素。

无论是商业化组织还是非盈利组织，从实质上来说，管理是一种以取得结果为目标的职业，其评价标准就是目标和任务的完成程度。管理者、领导把这个部门交给你打理，你就要想方设法带领团队完成任务，拿出结果，让股东满意，让领导放心，否则，职位难保。结果意识有时候会挑战我们的良心，也会触发一些管理者的恻隐之心。管理者会经常听到一句挂在嘴边儿上的话："我没有功劳也有苦劳啊，没有苦劳也有熬劳啊！看在我多年辛苦的份儿上，也要给我一碗饭吃啊！"市场不会因为一个人或者一个企业的努力或投入而给予恩惠，市场唯一相信的是符合客户需求和需要的结果。

"我按时上班，按时下班，从来不迟到早退，到月底了，就应该给我发工资。"这话听起来也有道理。问题是，到月底了，企业的产品没有人买，没有收入，企业和管理者拿什么发工资？还有些人以为，只要在公司服务足够多的年限，自然年年加薪。殊不知，那些号称在公司服务10年、20年的人，实际上不过是将第一年的经验重复十次、二十次、上百次罢了。年龄不一定代表智慧，年资不一定代表贡献，当然也不一定就代表高薪。

公司有三种人：一种很努力没结果，一种努力了有结果，还有一种是不太努力有结果，这三种人哪种人最好？当然是第三种人。最优秀的人才就是看似不怎么努力就能出结果，没事干或者很闲结果却很好，说明他做事有方法、讲策略，这种人才是理想的人才。

关于工作，马云曾讲过这样一段话："我特讨厌认真工作的人。工作不要太认真，工作快乐就行，因为只有快乐能让你创新，认真只会有更多的压力、更多的埋怨、更多的抱怨，真正把自己变成机器。”职场是只认功劳不认苦劳的地方，千万别做只知道拼命，却不出成绩的人。

公司要的是在投入资源的情况下产生结果，这种结果就是公司价值，要靠员工的努力去创造，员工要靠自己的业绩证明自己的价值，公司应该帮助员工实现价值，提升他们创造业绩的能力，而不是同情他辛勤劳作后的一无所获。

如果一个员工没有功劳，退而求其次追求苦劳的话，在团队中就属于那种没有多大功劳却态度还算好的人。但态度好任劳任怨并不等于有结果。

很多人对管理者说我没有功劳也有苦劳，要求结果的管理者听到下属这样说会认为这个员工无耻又无能。无耻是因为，如果你聪明有能力，那就代表做事不用心，是无耻。如果你很认真很用心，但没结果，说明无能。因为，没功劳有苦劳对公司没有意义。

企业是一个为客户创造价值的经济组织，员工为客户创造结果，企业才会有盈利，员工也才会有收入。员工与客户价值之间，存在必然的因果关系，这是最基本的逻辑。

这种逻辑关系意味着，执行的结果是“客户价值”，凡不创造客户价值的，无论你有多辛苦，都不是功劳。企业和客户都不相信苦劳，只相信功劳。

在企业里，大多数人都认为，只要认认真真履行自己的岗位职责，按照公司的流程办事就行了，至于工作的结果是否让领导和同事满意，是否满足客户的要求，自己完全不在乎，给出的说辞竟然是遵章办事。

这种人是没有结果意识的，也不清楚自己工作的意义何在。自认为是在履行职责，其实没有创造任何价值。

事实上，真正的执行力，就是要有能拿出结果的能力。优秀管理者的思维方式和管理模式，可以归结为一种简单哲学，即关注结果。他们主要的也是唯一的兴趣点就是结果，对于这些疯狂追求结果的管理者而言，其他任何事情都是次要的，也无法让他们真正感兴趣。

所以，在一个企业里，执行力就是结果，不要再说什么没有功劳有苦劳的话，要做就做到功劳，苦劳没有价值。

第九章 团队赋能之创造力

第一节　什么是团队创造力

有人说世界上所有美好的事物都是创造力的成果，也有人说创造者才是真正的享受者。不可否认，人的创造活动是人真正的功能，而人在创造过程中找到自己真正的幸福，也恰巧证明了这一点，一个人在工作中更是时时刻刻都离不开创造力，一个创造性的想法可能会给团队带来无限的可能。所以，赋能一个团队除了前面我们提到的执行力之外，还要有创造力。

那究竟什么是创造力呢?

在调查中，企业高管们一致认同创造力是管理者最重要的技能。而尚不清楚的是如何有效地培养创造力。每一个管理者都期待着能有一个创新的点子来激发整个团队精神，但很多高层管理者依然把创造性思维与积极性和管控对立起来。

管理者不能够阻碍员工的潜能突破。知道这一点，管理者就更应该认识到不能过分激进。太多的领导着急于看到创意，他们给新点子提供现金奖励，无止境地进行团队头脑风暴会议，鼓励有竞争力的高层奖励那些出众的创新者。然而，所有这些策略都是有意在展现组织创造力，不是真正地执行，并且这些策略的效果经常适得其反。

想搞清楚创造力究竟是什么，就要知道创造力的基础是什么。事实上，这个基础就是一个企业的资源与目标之间的差距。差距大创造力就大。

比如，十几年前，乔布斯提出：为什么不能把一千首歌放在口袋里面的一个小机器里？很多年轻人可能不记得索尼随身听了——这是全世界第一个卡带播放器。那个时候，十五首歌在一个磁带上面已经很多了。但乔布斯提出要在一个小机器里放一千首歌，这就是百倍目标。他提出了很大一个挑战。资源和目标之间的巨大差距终于使乔布斯和他的团队爆发出了惊人的创造力，一个苹果 mp3 真正实现了把一千首歌装在一个小机器里的想象。

为什么企业常常不能把握住未来？除了目标不够大，他们还常常由于不正确的假设而裹足不前，这并不是因为没有资源、没有人力。而是他们不敢打破自己原来的想法和预期，所以就限制了自己的发展。你的竞争对手是谁？不是你的同行，是你自己，你自己心里的假设。

这也是当下企业管理者们急切想要改变的现状和努力追求的改革，想要拥有一个具有创造力的团队。

在当今这个时代，要成功，真正重要的并不是你手上的资源，而是你是不是有足够的智慧能够灵活、快速地了解现在的环境和市场。十年前，可能一家公司需要五百万元风险投资才能运作，五年前我们需要五十万元就可以，今天可能只需要五万元就可以让一个公司开始运作。这就需要创造力，需要那些有自主自发性的人。在小微企业里，员工是有自主性的，他们看到一个问题，看到一个机遇，他们不等，自己冲上去抓住这个机遇，解决这个问题，把创造力带到工作当中来。

拥有创造力的人他们会从同业中其他竞争对手那里看到机会，他们会提出自己的想法来挑战传统思维、传统智慧，这些人才是有激情有热情的人。

知道了什么是创造力，那么就要正确认识和培养创造力。大部分人生来就有创造力。当我们还是孩子的时候，我们就沉醉于想象的游戏中，问各种稀奇古怪的问题，画一团难以名状的东西就称作是画。但是随着时间的推移，随着人的社会化，随着我们接受更多的正规教育，越来越多人的想象冲动正被扼杀。我们对判断更小心翼翼，更为谨慎，也更善于分析。世界似乎被分成了“有创造力的人”和“没有创造力的人”两支队伍，而大多数人自觉或不自觉地站在了后者的队伍中。

所以，作为管理者不要低估自己手下任何一个员工，他们都带着与生俱来的创造力，只是暂时没有被挖掘出来而已。同时，一个人的创造力会受到外界的影响，如果一个团队的氛围是开放且轻松的，那么员工的创造力就会大大被激发，反之，即使员工有创造力也不会表现出来。创造力取决于个人，不管你是管理者还是普通员工，想要富有创造性，可以学习一下拓展创造力的方法。

首先，从内部提升创造力有以下几个需要关注的点。

一、拥有强烈的好奇心

凡是具有创造力的人，大部分都拥有强烈的好奇心，对一些事物抱着积极的态度和想要探究的兴趣。

二、拥有独立的思考能力

西点军校有一个考核标准，就是让学员说出“一块砖头的五十种用途”，每个学员面对这样的考题，都会搜肠刮肚去想一个砖头到底能派上哪些用途，如此就锻炼和拓展了思考能力。在一个团队中，如果一个人擅长对任何一个问题去思考出不同的解决思路和方法，就是一种独立的思考能力，也是自我走向创造力的第一步。

三、乐于接受新事物新想法

马云宣布未来世界是互联网世界的时候，有很多人认为他是在痴人说梦，但今天人们却实现了坐在家里就能买到自己心仪的东西，足不出户就可以实现与外界的各种联络。所以，不要排斥任何一个新生事物，要善于接受新的想法和新事物。即使一开始我们不同意某个新想法，但它仍值得我们关注。解决问题时思想不开放，就如同骑着一辆只有一个好轮子的自行车，很难达到目标。

四、拥有看待事物的独特视角

大凡成功的人都有一种精神和特质，就是当别人都喊 1+1=2 的时候，往往他能说出等于 3 或等于更多，目前我们看到互联网 + 的发展，真正实现了无边界竞争和跨界，实现了 1+1= 无限的未来。有创造力的人不会过度地受他人意见的影响，即使受到别人的强烈反对也要充分阐述自己的观点。

五、敢于冒险并能够坚持不懈

创造力意味着创新，意味着做那个第一次吃螃蟹的人，所以敢于冒险才行。如果一个人不敢冒险，一个团队不敢冒险，又怎么能突破从 0 到 1 的创新呢？

如果有了冒险精神盲目地尝试一次就放弃的话，也不可能拥有创造力。只有多做事情才能提高一个人的原创性，工作量越大，找到创新方法的可能性也越大。很多领域的创造性活动都是从量变到质变的过程，即使最伟大的创新者，在做最具原创性工作的同时，也会产生大量平庸的想法。

六、拥有孩子般的童心

多数具有创造力的人都是具有童心的人，毕加索之所以要和孩子学画画，学的正是孩子的那种天马行空的想象力和不受约束的思维模式。如果看一下那些顶级广告公司的创意部门，你就会发现玩具、“玩具室”和其他一些看起来似乎都是愚蠢的孩子气的例子。然而，这种气氛却让创意源源不断地产生。在这里，即使是最严峻的市场挑战也会迎刃而解。这些人会从一切可能的角度看待问题。

除了以上几点是创造力的内部因素之外，从外部提升创造力也有一些值得关注的点。

一、团队管理者要允许每个人表达

在一个团队里，下属有没有创造力关键在于敢不敢发声，哪怕内心有再多的创意和点子，如果处在一个不开放的团队中，员工大多选择多一事不如少一事，埋头干活少说为妙。一旦员工有这样的想法，又如何产生创造力呢？在绝大多数的情况下，员工都会觉得自己的想法无关紧要，甚至可能会因为有独特的想法而对职业生涯造成威胁。管理者要明确鼓励下属积极发挥创造性思维的想法，并使大家知道。让大家可以放心大胆畅所欲言，即使由于提出或实施的创造性想法延误了工作，也不要轻易打击下属的积极性和敢于尝试的勇气。

二、组织和管理者要接受所有的新奇想法

创造力就是新点子，一定会有天马行空的想象力和观点的提出，管理者要容忍那些被认为是非常规的想法。尊重团队中成员的个体差异，尊重每个人提出来的想法，接纳对问题的各种看法能够增加解决问题的概率，使每个人都感到满意。

三、为发展提供帮助、为努力提供时间

一个新想法、新观念从提出到执行，中间要走很长的路。哪怕是最好的员工提出来最好的方案，也要进过反复论证和实践检验，在这期间，组织和管理者要为这种想法和观念提供帮助，这并不是说应该接受所有想法，而是应该给每个想法一个公平地被倾听并允许它发展的机会。同时给予每一个人充分的时间和空间，能够让其把提出来的新概念有付诸实践的机会。这些时间能够帮助员工考虑各种可能性，使他们觉得自己真正参与了问题解决的过程，员工也能感受到这些项目值得他们付出努力，只要所做的符合公司的利益，就会得到回报。

四、鼓励冒险

员工之所以敢于冒险离不开组织管理者的鼓励，这种鼓励不是激进式的盲目冒险，而是要负有责任的冒险。可以鼓励下属从产生一个新的设想到在正规的基础上建立一个判断想法的系统。除了鼓励之外，如果这个创新的东西有价值，组织就要承认这种想法的价值，并给予积极奖励。鼓励和奖励能带给一个人极大的满足感，一个有满足感的员工是有解决困难的能力的、是积极而有创造性的，因为他觉得对于部门和公司，自己的努力是值得的。

第二节　用组织划分实现团队创造力

一个组织中，如果人人感觉是给别人打工，就很难有动力。如果换个思维模式，把工作或业绩变成了自己的，那么就会激发团队的创造力。如果把一个大的组织拆分成不同小的集体，进行独立核算制运营，每一个独立的小集体有一个“负责人”来带领小团队独立经营，也就是给予拆分出来的组织管理者一定的授权，尤其是具体业务规划与处理得相对完整也相对独立的权限，只有这样，才能做到以各个“小组制”为核心，自行制订计划，独立核算，持续自主成长，让每一位员工成为主角，“全员参与经营”，打造激情四射的经营集体。也就是说，站在公司总部的角度，除了必要的决策权、职能管理权、监督权之外，其他权限能授予的一定要授予出去。

比如，韩都衣舍的组织模式主要是基于小组制的蚂蚁军团组织。把企业内部划分成几百个3人小组，称为蚂蚁军团。这种组织模式的核心就是平台＋小组制，韩都衣舍采用并联式组织模式，采用包产到户的方式，让每个品牌、每个款式都是一个相对独立并联的小组，每个小组都由 3 个人组成，3 人小组包括产品设计师、页面详情设计以及库存订单管理三个核心岗位，资历和能力强的人兼任组长。

这种并联式的模式把公司变成一个平台，所有的小组都能在平台上获取资源支持，直接面对消费者。这种组织模式使组织更加贴近消费者前端，几百个小组贴近消费者、满足消费者个性化的需求。同时能够促进团队的创造力和积极性。

再如，阿里巴巴组织变革——不断化小经营核算单元。2013 年，马云卸任阿里巴巴 CEO 之前，对现有业务架构和组织进行调整，将阿里巴巴集团原来的事业群更加细分化，即将淘宝、一淘、天猫、聚划算、阿里国际业务、阿里小企业业务和阿里云 7 个事业群拆分为 25 个事业部。出现了物流事业部、无线事业部、商家业务事业部、数字业务事业部、消费者门户事业部、互动业务事业部、共享业务事业部、类目运营事业部、综合业务事业部、淘宝、航旅事业部及本地生活事业部等。

原有的 7 个事业群是按照对外品牌业务来划分的，新的 25 个事业部则是按照生态系统中的关键环节来划分的。这 25 个事业部内部还可以继续化小经营核算单元，事业部的业务发展将由各事业部总裁（总经理）负责。

这样的组织划分，就是一种量化分权，也是一种高度集权。只有这样，才能把责任分摊，也让每一个划小的组织有责任和创新意识。

比如，通过划分组织、量化分权、权力下放，来培养员工具备管理者的意识，让员工自己去经营这个小团队，拥有绝对的经营权，透明化经营的手段，而管理者通过了解每个组织的经营会计报表就能了解企业的运营情况，哪个团队亏损了，哪个团队战略错了，都能在报表上一一体现！

站在公司总部的角度，除了必要的决策权、职能管理权、监督权之外，其他权限能授予的一定要授予出去。比如人事权限、财务权限、业务权限等。

首先，由公司总部将其拥有的资源根据预先达成的条件分配给各个小组，领导人可在授权范围内，对资源行使占有、支配、使用和进行必要的处理的权利，从而使企业内部形成相互制约、相互激励的运营机制，充分调动了各层面的积极性。

其次，公司总部需要充分地给予每个小组管理者与其职责相匹配的授权，这些权利包括在公司总的战略框架下制订经营目标和经营计划、对已分配到小组里资源的自由支配权、内部员工的任免权、薪酬制定权、小组业务经营决策权、新产品开发及推广权等的具体经营管理权。

最后，量化分权的责权利关系已经完全不同于传统流程分权，是一种可控可主导的权责关系。在传统模式下和小组制量化分权模式下，作为一名管理者在处理问题时的心态和得到的结果就会截然不同。比如，营销的一位组长，中午要招待一位客户，简单的招待恐怕很难令客户满意，那么就要至少花 2000 ~ 3000 千元钱安排客户。这时候按照传统的模式，企业招待费的权限是 2000 元以下销售经理有权限，2000 元以上就只有销售总监和总经理有权限。不巧的是，这两位领导都在飞机上，一时联系不上。这时候营销组长一定会权衡：如果我花了钱请客，很可能领导回来不给报销，还得自己承担，算了我还是不安排客户了吧。但是，在量化分权小组制的情况下则不同，遇到这样的情况，这位营销组长完全可以根据对这个客户的把握情况，只要认为这个客户确实够重要，确实可以带来相应的效益，他自己就可以决定是否安排这个客户，体现的责就是签下客户增加销售额，权就是自己可以据实际情况合理安排费用支出情况，利自然是平衡责与权的结果，让自己的组织最终获益。

激发团队的创造力，就是要将企业划分成一个个小集体，让其自主经营，自负盈亏，让员工变成经营者的身份，从而培养具有经营意识的人才，最大限度挖掘员工潜能，为员工创造积极向上的工作平台。当某位员工从打工的身份转为经营者身份的时候，员工不再是为别人工作，而是为自己的事业在努力。特别对于一些大公司来说，效果将更为显著，每人给公司节省一笔费用，每人提出一条建设性的意见，每人增加一笔销售额，那么公司的经营利润将会有大幅度的提升，成本也会显著地下降。这就是让员工自主经营，为承担风险而激发出来的动力和创造力。

第三节　怎样做有创造力的管理者

对于一个企业来说，不仅需要激发整个团队的创造力，更重要的是提升管理者的创造力，对于管理者来说，创造力越发的重要，已经成为决定一个团队能否成功的决定因素。我国经济，已经逐渐从“低成本高收益”战略向“创新性带来价值”战略转变。

真正具有创造力的团队的管理需要依靠管理者的管理艺术，但是这并不是一件简单的事情。团队不仅仅指的是一队人，而是指一群能够一起完成某些工作，有着共同任务使命并努力奋斗完成目标的人。

管理者想要管理好团队，要先管理好自己。作为一个团队的管理者，首先要自己先做好，才能成为团队的榜样，管理者的作风如何对员工都有着潜移默化的影响。管理者勇于承担责任、勇于出头、不断开拓不守旧、有预见性思维、帮助自己的团队化解难题，可以在团队中树立起领导的形象，提高管理者的威信。管理者具有创造力才能带动员工具备这方面的意识和努力的方向。

那么，做一个有创造力的管理者要着重从哪几方面入手呢？

一、要懂得聚拢人才

具有创造力的管理者会在组织内或组织外聚拢人才，会把很多心思都着力于组建核心狂热的社群。

比如，有一个做微商的朋友，她不像普通微商要靠着拉人头发展下线狂刷朋友圈，而是靠着组建社群，从共同的爱好和相同的价值观入手来打造一群狂热的粉丝，形成黏性以后再进行裂变式的传播和推广，反而做得比较好。最初加入的成为总代理以后，他们继续实行这种开源式的创新法，培养创新社群，只要有相同的价值观和爱好，接受人们在各个层面的参与。并且鼓励有能力的下属发挥他们的创造力和创新思维，鼓励他们照自己的方式而不是照上司的方式行事，给他们创造一个独立行事的工作环境。

二、在创新的路上敢于试验

具有创造力的领导敢于试错，并能够在不断的试验中实现经验的积累，从而实现一系列大的变革。

无论做什么，在实验确认之前，谁也不能断定哪一种理论建构是正确的，就只能通过试错来寻找经得起实验检验的理论框架。这样的方法论智慧，通俗表达就是：如果未来是未知的和不确定的，那么要找到通往未来的路径，就要允许多元尝试和不断试错，并以实践为标准来进行检验。

作为组织管理者要亲自体验和员工在一起工作的感受，只有自己去亲身体验了，才能知道工作方式有哪些需要改进和创新的地方。比如，可以定期组织公司管理层进入公司开放式“领导力社群”，让管理者们亲自体验公司的产品或服务，在体验的过程中发现问题，并及时纠正和改进，为以后的创新提出切实可行的建议。

三、要能讲一个有情怀的故事

具有创造力的管理者会通过讲故事的方式开启创新之旅。好的管理者也是营销高手，他们一直都很清楚信息传播对新产品、新服务和新品牌的成功推广的重要性。同时，具有创造力的管理者还有许多方法能激发自己的员工推动公司取得成功。

比如，三个爸爸的品牌故事。三个爸爸在品牌创立之时，也在运营产品社群，并且有很多粉丝愿意加入进来分享。据创始人陈海滨透露，他们是将三个爸爸品牌背后的故事性讲到了极致。三个爸爸的故事，是爸爸们给孩子做净化器的故事。三个爸爸由于这个原因，同时也给予了他们再次创业的机会，他们将这个故事讲到了极致。“偏执狂的爸爸给孩子造净化器是我爱你的表现，以呼吸为证，我虽然不能伴随在你的身边，但让我的爱如空气。”“我对极致的追求也是你成长路上重要的陪伴。”在三个爸爸品牌故事整体传播过程中，传递的是一种父亲对孩子偏执的爱，刻画勾勒的是一位爱自己孩子爱到极致的父亲形象。而传递出的这种精神力量所表达的已经不仅仅是一个净化器，而是深刻的品牌精神，引起了更多感同身受的爸爸们的共鸣，同时品牌概念的情感传播规避了硬性的广告植入，也自然引发了很多媒体自发的传播。

比如，可口可乐的创始人很神秘地宣布，可口可乐之所以风味独特，是因为其中含有一种“7X”的特殊物质，而其秘密配方，据说收藏在世界某地一家信用极佳的银行里，全世界只有7个人知道这家银行的地址，他们中有5位持有存配方的保险柜的钥匙，另两位知道密码，只有5把钥匙同时转动，并对准密码才能开启保险柜。而这个故事在全世界得到大量的宣传和讨论，结果就是分享过后，可口可乐又一次获得大量用户。

当管理者具有积极的创造力时，便能使员工产生信任、崇拜和跟随的行为。当管理者具备公认度较高的道德标准和独特的个人魅力时，便能够得到下属的认同、尊重和信任，成为下属行为和思想的追寻典范。

第四节　如何打造团队创造力

在竞争日益激烈的时代，从某种意义上来说，创新甚至比吸引和保留人才更为重要。为了做到这一点，营造一个富于挑战、具有高度创造力、极具吸引力的工作环境，就显得尤为重要。所以，作为管理者，如何打造一个具有创造力的团队也是众多管理者迫切想学习和实践的。

团队成员众多，真正能够让这些人心往一处想，劲儿往一处使的关键因素主要有对未来的期望、培训、认可以及榜样。

首先说期望，在明确一个团队的职能时，要传达给团队企业所面临的问题，需要大家提出创新性的解决方案，让员工有一个基本的创新思路和方向。

培训很好理解，任何一个能力的提升都离不开学习。一个团队的创造力更是需要不断进行培训来习得，比如很多好点子都是在头脑风暴中产生的。

认可就是对团队成员做出的创造成果进行奖励，这样不但能激发团队的斗志，还能凸显管理者的人性化管理。

榜样就是前面我们提到的，管理者自己首先具备创造力才能带动和影响下面的人。

除了以上几点，在具体实施的过程中，还要遵循一些基本原则。

一、创建团队要有选择和甄别

如果创建团队的时候什么人都可以进来而不加以甄别和选择，会出现团队规模过大，成员同质化严重等问题，并不利于创造力的提升。唯一的办法就是多在专业知识和技术方面找专业人才，多找精而专的人才，而不是以普通员工的数量取胜。同时，要实行轮岗和流动制，也有利于取长补短，减少团队成员同质化的问题发生。

如果一个企业团队中都是一些思维模式相似的成员，团队的工作环境可能会很安全舒适，但相较于那些成员个性和功能都更多元的团队，这样的团队看问题的视野会比较窄，碰撞出的创意火花也会更少。

二、创造力也依赖一定的规则才能更好的执行

无规矩不成方圆可以用在各个领域，对于一个团队来说，创造力是自由的，但规则是约束这种自由不能过于泛滥，所以创造力也需要一定的规则才能更好地执行。如果没有规则等于没有责任意识，如此一来，人人都可以按照自己的意愿行事，而最终会出现一院和尚没人撞钟的现象。花一些时间来设定好基本准则，看起来好像会影响到团队的创造力，但从长期来看，有明确章程的团队会运转得更好。在理想情况下，这种章程会用简单、准确的语言来明确团队的目标、运作规则以及各成员的职责。这个过程本身也有利于提高团队的凝聚力和工作效力。

三、失败是成功之母，让员工说出自己的不堪

我们都知道好的创意能激励员工斗志，团队的表彰能够激发更多人的潜力，这是一种正向的激励，是值得提倡的。但是，不是所有的团队成员永远都有值得表扬和激励的成功之处，更多的是要面对不确定的风险以及经常性的失败。所以，允许员工说出自己的不堪也是一种激励。比如，可以把团队成员分成两种，一种是互相分享成就，另一种是成员之间互相倾诉自己的狼狈。往往在倾诉狼狈的过程中，更能激发创造性，成员之间能够形成更强大的互相激励和有效合作。

四、不要让繁杂冗长的会议打击了创造力

团队不定期把成员聚在一起开会可以提高团队的效率，但往往很多管理者并不能够把握开会的精髓，要么是频率太低，要么是会议时间太长。自己讲得昏昏欲睡，下面的成员听得哈欠连天。这样怎么能够激发创造力呢？

有研究显示，开两小时的会，人们虽然也能撑下来，但其实人们用一半的时间（一小时）通常也能达到同样的会议成效。所以，四次时长为一小时的会议好过两次时长为两小时的会议。为了最大限度地利用好会议时间，建议会议协调员在会前收集好与会议议程相关的意见，然后将这些意见的汇总作为会议讨论的起点。只有在那些多元的因子都发出自己声音的情况下才能体现出其价值。

五、团队不要一种声音，要鼓励成员持有不同意见

一个具有创造力的团队更像是一个彼此质疑的团队，他们表面并不是一团和气，一个人说什么其他人随之附和，而是大家都能从不同的角度看到不同的问题，然后提出自己的不同意见，有分歧才能碰撞出不同的火花。要创造一个所有成员都愿意表达自己声音、敢于质疑他人意见的环境。这种环境里要引导员工能够给出一种“负责任、不带人身攻击的不同意见”。一旦最先提出来的意见受到了质疑，是质疑不是攻击，往往就会激发出真正好的点子来。

打造有创造力的团队，无论过去、现在、未来，在任何时候，任何环境下，企业想要发展，必要的条件就是团结和凝聚。所以我们需要的，是一种信仰。一种为自己负责的信仰，一种去做正确事情的信仰，一种渴望成功的信仰。

第十章
团队赋能之文化建设

第一节　文化赋能之力："三观"的正确引导与传递

所谓三观就是世界观、价值观、人生观。三观正就是能够用更积极和有价值的眼光来看待事物，分得清先后，看得清里外，说得更直观一些，三观正确的人有一套科学、合理、正向的看待人事物的方法。

朋友之间，夫妻之间，同事之间，要成为很好的合作关系，靠的是相同的志趣，以及看待事物的立场与观点接近。有共同的爱好乃至理想追求，才是同道。如果三观不同，则会出现古人所说的"道不同，不相为谋"。夫妻间如此，朋友如此，工作伙伴也是如此。

所以，对一个团队赋能离不开文化的赋能，也就是要有正确的"三观"引导与传递。

创办公司，创始人都有驱动因素，不管是华为的任正非先生因为生活所迫，还是阿里巴巴的马云因为想让天下没有难做的生意，甚至只是为了证明自己，或者只是因为有钱想玩玩，三观至少是必占其一的，都是能从中体现出来的。放眼今天的企业，比如互联网公司，大都是在不断“刷新”“三观”，正所谓左手世界观，右手人生观，中心是价值观。

我们都知道，雷军的小米非常成功。这个成功靠的不仅仅是雷军的个人魅力，比如能力、阅历，思想和执行力等，而是他更懂得如何用自己的三观去引导和传递给他的团队，最终形成了一支优秀的团队。《参与感》一书中提到过，雷军在组建小米团队的时候，不惜花费半年的时间找人，磨人，最终将一群人合体为“一个人”。找人，就是找到能力、性格、三观、心态都基本一致的人；磨人，就是把大家聚在一起，在工作中碰撞、磨合、再碰撞、再磨合，反复循环，直到大家可以收放自如，分开能独当多面，在一起又是一个团结的整体。

所以，大型的企业或医疗机构，都需要独特的文化，才具备发展竞争的软实力，是竞争对手模仿不了的个性基因，也是医院和企业长远发展的坚实基础。因此，企业和医院的文化建设也就成了日常运营中的一项重要工作。

医院品牌文化的塑造，是一个双向作用的过程：医院资源聚焦品牌建设，品牌又反过来赋能医院发展。这个赋能主要体现在两个方面：第一，增加医院知名度，为医院带来更多的患者；第二，增强团队自豪感，强化团队成员的主人翁意识。

一个企业需要有文化来支撑，需要用三观来凝聚人心、激发活力、增加利润以及品牌升级。通过三观的引导和传递可以让企业生出更多的利他之心，通过赋能的管理方式，自上而下地释放权利，让员工有更多的创造性，发挥集体的智慧，共同推动企业的发展。这种赋能的力量会打破传统管控模式，从我想要员工去做，转变成员工自己想要去做，形成自驱力，从企业高管们自己干转变为企业与员工们共同去干，这种思维体系的转变，让我们再一次认识到了企业文化的重要性！

企业同人一样，作为企业，是否能够存活下去，就需要看这个企业的盈利能力，企业在社会中的价值，企业的三观。那么作为管理者，如何在掌握企业三观的同时向下属和团队来传递三观呢？或者说，都有哪些最重要的三观要引导呢？

一、为什么而做的事业观

马云当年带着十几个最主要的团队创始人聚在杭州一间几十平米大的房子里彻夜畅聊，就是要互相坦诚为什么而做。一群人凑在一起是为了做些什么？为什么要做，做了能带来什么？如果大家都能这么想，如果管理者能够传递给自己的团队这样的信息，并让他们开始思考，他的努力就有了方向，他们就能够懂得企业的愿景和管理者的战略。这也是管理者要向团队文化赋能的第一条，三观其中之一——事业观。

把工作当工作没有多大动力，把工作当事业则会完全不同。把工作当成任务，就会缺乏动力和激情，遇到困难只会感到艰辛、枯燥、乏味；而把工作当成事业来经营，就会“不为困难找理由，只为成功想办法”，真正变被动为主动，从自发到自觉。也只有把工作当成自己的事业来经营，敢于负责、勇于担当，才能于困境中找到出路，于困难中找到办法，于无望中创造可能，于可能中办成事情。

团队成员在一起要拧成一股绳，把心搁在一块儿，这需要管理者灌输事业观形成团体目标，并分享给所有人，帮助大家从认知到认同，形成统一的事业观及使命感，从而更好地凝聚在一起，去完成这项事业！

如何把团队面临的工作和问题，转化成共同的事业目标，通过高度一致的“事业观”，去一起进步，就看管理者自身对事业的解读和传递了！

二、方法与态度，如何去做的工作观

如果事业观告诉团队的是目标和要做什么，那么工作观就是如何去做，如何开展。这需要运用到工作的态度和方法，主动是一种态度，被动也是一种态度；积极是一种方法，消极也是一种方法。常问一下下属，工作对于你而言，意味着什么？是赚钱的工具？还是想要在工作中体现自我价值？很多人认为工作的意义无非是赚钱而已，将工作和生活对立起来，认为工作是工作，生活是生活；抱着“拿多少钱干多少事”的态度，不是自己的工作绝不多干，加班的事情能避免就避免。这其实是一种对自己懈怠、对工作不积极的消极观念。

所以在工作中，管理者需要以身作则，帮助团队所有人去学会掌控工作，让他们明白如何做是对，如何做是错，如何做能达到更好的效果！这就是“工作观”，一种工作方法论的传承！做对的事情比把事情做对更重要。由于各企业新老不同、大小不同、条件不同、地域不同，呈现出的潜力、优势、特点也不同，这就要求管理者必须开动脑筋、创新思维，根据不同的实际确定不同工作方向，用颠覆性的办法寻找新的盈利点和利润源。

三、个人价值在工作中如何实现的价值观

企业的价值观是办企业能够为这个世界带来哪些影响，为人类带来哪些有用的东西。比如阿里巴巴的价值观是让天下没有难做的生意，同时，改变了人们以往的消费观和消费方法，实现了线上与线下的融合与创新。那么，作为管理者传递给员工的价值观就是帮助团队每个人建立一种认知——即我在这里，公司和事业变得越来越好，我获得了什么？只有当一个人意识到自己在这里能获得的不仅有精神的还有物质的东西时，才会积极去发掘出自己更大的潜力，把自己的利益同团队利益做捆绑，这样每个人才会有动力和追求，去一同完成群体目标。

作为管理者，要学会分析每位团队成员的情况，解读出他们的核心和次要诉求，并为他们找出清晰的路径，即如何在这个团队和事业目标内达到这些诉求的办法，让每个人在这个团队工作是有意义的，是主动的，是愉悦和满足的！

管理者最大的价值，就是让自己团队的伙伴找到工作的价值。在工作中，员工拼的往往不是智力不是能力，而是心力。当他心力不定的时候，你要及时成为他的心灵导师。通过大会小会、一对一会议、各种体验活动、教研活动等高频次广传播工作的价值，传播我们正在做一件伟大的事，给员工不断地加持能量！

只有将团队每个人的价值观具象化了，才能有机会去引导他们产生这样的认知：我在这个团队工作是有价值的，我努力后获得的东西是有价值并且是我需要的，这样才能进一步认同团队和群体事业目标！

第二节 塑造企魂，才能生生不息

《道德经》中有一句话：“天下万物生于有，有生于无。”指天下的万物产生于看得见的有形质，有形质又产生于不可见的无形质。魂，则是那个不可见的无形质。虽不可见却主命脉，一个企业必须塑造企魂才能生生不息。

一个企业，卖的产品，做的服务都是有形的，而精神追求和与众不同的企业文化却是无形的。正是这种无形的东西才能成为企业的核心竞争力，支撑企业前进。企业经营产品和服务都会被人模仿、抄袭，而精神内核、独特的经营理念却是别人抄袭不去的，它来自内在，而不在形式。

“一年靠运气，十年靠经营，百年靠文化。”随着经济全球化进程的加快，越来越多的企业面对日益激烈的市场竞争，都充分认识到了构建企业文化对提升企业核心竞争力的重要性。一个企业的动力及凝聚力都来自于企业文化。

企业文化表面看是虚的，它既看不见也摸不着，它像高楼大厦里的钢筋、螺钉、焊缝，在装饰一新的大厦外观，不会轻易被人看见，可它却渗透到了大厦的每一个角落、关节和着力点，承载着大厦最为沉重的负荷。

企业管理者要始终铭记在心的就是企业的魂。比如，第一，无形的东西往往比有形的东西更重要。我们把眼光多放在文化观念和企业氛围上，而不要总盯在业绩多高，利润多少上。企业管理者关注的东西变了，企业带给你的东西也会改变。或许坚持一种正向的东西会比随大流更难，而一旦坚持这条路，会由难转易，渐行渐近。第二，做行业的代表，用有价值的东西引领一个行业，而不是在一个行业里背道而驰、自我沦陷。

我们要竞争的不仅是行业中的地位和荣誉，更要思考我们可以为这个行业贡献什么？为顾客做什么？为员工带来什么？顾客是我们的衣食父母，而员工则是托起我们事业平台的人，不善待他们又怎么能使我们在行业中胜出呢？行业对手则是鞭策我们的人，正是因为有他们的存在，才能知道自己的不足。也正是有了他们的不足，才有我们存在的价值。

企业的魂最终能够内化成团队成员每个人身上的精气神。众所周知，判断一个人发展运势，关键看一个人的精气神，因为精气神是影响一个人行为与言语的核心因素。企业文化是企业在经营活动中形成的经营理念、经营目的、经营方针、价值观念、经营行为、社会责任、经营形象等的总和，这将对于企业的硬件设施如企业厂房、企业办公场地等起到指引作用，所谓哲学讲物质决定意识，意识对于物质具有反作用就是这个道理，在这里就是指企业文化可以使企业形象发生改变，企业实体改变。

精，指敬业精神和团队精神。纵观各行各业的精英分子，在自己所处的领域做到行业翘楚凭的全是热爱，是对自己所从事行业的虔诚信仰。干一行爱一行，因为爱才能钻研，钻研才会让自己升华，最终能成就事业。

气，指气度、气量、气质。一个团队，要有容人的气度和气量。首先，要对比自己能干的团队同事心存敬慕，带着谦虚的心向其学习，使自己提高。而不是气量狭小，忌妒能力比自己强的人，私下里使绊子要阴招。

神，本义指观照自己、观照万物的精神；指反观自己，内省自己。要时刻保有“每日三省吾身”的精神意念。时刻让自己求新求变，有上进心。人有责任感，有敢于亮出自己的能力，要有拓展客户的精神，而不是坐等分配，敢挑战自己的任务，扛起责任才是提升自己，提升整个团队业绩的开始。

精、气、神三者之间是相互滋生、相互助长的，他们之间的关系很密切。它们可分不可离。精可化气，气可化精，精气生神，精气养神，而神则统驭精与气。鉴于三者间的互相关联，任何一个的失调都会影响其他二者，只有当三者和谐稳定时，人才能保持健康，团队具有了这些精气神才会给企业发展带来元气，先有了爱业精神才有气量气度，才能自我观照，反过来亦然。人先进行自我观照才能锻炼气量气度，才会注重修炼气质，最终达到拥有和谐的团队精神。

这样的团队精神离不开企业的文化，企业的魂。

企业文化的核心，是企业的价值追求，她决定了一个企业的个性，展示的是企业生存的活力。相对于制度而言，企业文化是一种柔性管理能力，是一个企业的道德情操，也是一个企业发展的精神动力，是引领员工成为具有精气神的重要之魂。

第三节　营造信任文化，需要有效沟通

信任对于一个团队来说是必不可少的，因为信任文化能给团队提供一种安全感。当团队成员彼此感到安全时，他们会感到很舒服，相互坦诚，承担适当的风险，并暴露弱点。如果没有信任，创新、协作、创造性思维和生产力就会减少，大家就会把应该一起实现目标的时间，花在保护自己和自己的利益上。同时，信任是知识共享的关键，信任是团队获取知识的一个关键因素。简言之，如果团队成员彼此信任，他们很可能分享知识，公开交流，最终形成一种互帮互助的学习氛围，更利于团队的凝聚和业绩的提升。

反之，当团队缺乏信任，团队成员将精力放在和团队其他成员互相猜忌和斗争中，信息不对等，沟通不顺畅，会造成团队内耗严重。那团队的执行力也不会高到哪去，更不可能产生高绩效。

一个不能相互信任的团队实际上就不是一个团队：它只是一群个体在一起工作，并且还互相拆台，彼此失望。他们可能不分享信息，他们可能在权利和责任上争斗，他们可能不合作。一个人，不管有多能干或多有才华，如果他们不相互信任，他们可能永远都不会发挥出全部潜力。

只有当信任到位时，团队中的每个人才会变得更强大，因为他或

她是一个有效的、有凝聚力的团队的一部分。当人们互相信任时，这个群体就能实现真正有意义的目标。

以前看过一个故事：一个劳改犯人在外出修路时，捡到了一千元钱，不假思索地交给了狱警。可是，狱警却轻蔑地对他说："别来这一套，用自己的钱变着花样贿赂我，想换资本减刑，你们这号人就是不老实！"回到牢房后，囚犯越想越难受，万念俱灰，心想这世界上再也不会有人相信他了。晚上，他越狱了。亡命途中，他大肆抢劫钱财，准备外逃。在抢得足够的钱财后，他乘上开往边境的火车。火车上很挤，他只好站在厕所旁。这时，一位十分漂亮的姑娘走进厕所，关门时却发现门扣坏了。她走出来，轻声地对他说："先生，你能为我把门吗？"他一愣，看着姑娘纯洁无邪的眼神，点点头。姑娘红着脸进了厕所，而他像一位忠诚的卫士一样把守着门。在这一刹那，他突然改变了主意。下一站，他下车到车站派出所投案自首了。

先不论这个故事的真假，但这里面传达的信息就是信任的重要性，信任可以挽救灵魂，让心灵变得纯洁，让内心充满正能量。所以，一个团队要想长久生存，不断发展，需要营造信任文化。

在团队里，要建立信任关系，要进行有效沟通。对于团队领导来说，目标管理是进行有效沟通的一种解决办法。在目标管理中，团队领导和团队成员讨论目标、计划、对象、问题和解决方案。由于整个团队都着眼于完成目标，这就使沟通有了一个共同的基础，彼此能够更好地了解对方。即便团队领导不能接受下属成员的建议，他也能理解其观点，下属对上司的要求也会有进一步的了解，沟通的结果自然得以改善。在团队中，身为管理者，善于利用各种机会进行沟通，甚至创造出更多的沟通图景，与成员充分交流等并不是一件难事，而是需要创造一种让团队成员在需要时可以无话不谈的环境。

员工从进入企业开始，彼此已经把信任拨开了。如果员工知道他们的管理者值得信任，就会加倍努力工作。实践证明，当一个员工感到自己被管理者尊重、欣赏时，他就会全心地投入工作，即使苦累也心甘情愿，从而使自己的潜力得到充分发挥。实际上，欣赏一个人的优点是容易的，宽容别人的缺点则难。面对有缺点不上进的员工，管理者如果当面严厉批评，甚至是讽刺、挖苦这种“非人道”的方式，会大大挫伤别人的自尊心和人格，加剧了领导与下属间的对抗情绪，使员工对自己的工作能力以及领导丧失了自尊心和自信心。即使表面忍着不发，私下里也不会用心工作，更有甚者，或许会因为被伤了自尊产生报复心理。

管理者和员工之间建立信任，是一个基于重复行为的循环过程。当管理者的行为值得信赖时，员工就会更加信任他们，进而鼓舞自己以更大的热情投入工作。反过来，员工更加热情地投入，又会增进管理者对他们的信任，这样的一个良性循环会给企业带来生机。

在彼此信任的前提下，才能做到互相理解。所谓理解，就是用他人的角色来理解他人。管理者要能体验员工的感受，时刻做换位思考，假如我是员工我希望被怎样对待？

对于赋能型团队而言，在奋斗的全过程中，管理最核心的任务仍然是相互沟通，通过相互沟通，从而产生最大的信任。

团队是一个整合和驾驭人、财、物、信息等资源，不断追求成功的组织。每个人都是有独立思维能力的，在创业团队的合作过程中，肯定会有面对意见不统一的挑战。这个时候，如果不能用积极的沟通来解决问题，就会给整个团队造成影响，直接影响到团队的工作效率。

在管理沟通中，往往矛盾是由于大家对于方法的认识不同而产生的。纠结于方法的对错对于工作的完成其实毫无意义，工作沟通最根本的是要达到什么结果而不是要采取什么样的方法。

沟通有一个前提就是双方互相认可，离开这种双方互相认可的态度，所有沟通都是无济于事的，因此态度是沟通的前提。

有没有一些具体可以参考的方法和手段来建议信任文化呢？可以从以下几点进行。

一、建立信任之前先要真正走近下属

人与人之间的深层次关系往往建立在情感上，而非理性上。管理者和下属也是如此，多数情况下，管理者与自己的下属并不仅仅是传达工作指令或电子邮件，更多的是需要与他们面对面来互动，这样有助于了解下属的情况，对于建立信任能起到一定的作用。另外，管理者越是能够走近下属，越是能够了解下属，了解下属的心理动向和工作状态的同时，也能够让团队成员了解你，这样会增加亲近感和信任度。

二、信任的建立离不开信守承诺

做为管理者，说过的话、夸下的海口一定得是有分量的，也许你在繁忙的工作中忘记了曾经无意间对什么人许过什么诺言，或者有人认为轻许一个诺言根本不重要，但是，做为你的员工会记住你答应过他们的每一件事。身为领导，任何看似细小的行为都会对企业和他人产生影响。要警惕这些影响，如果你许下了诺言，你就应该对之负责。

坚守承诺，是一种责任。认真履行自己许下的诺言是一种担当。作为管理者，必须对自己所说的话负责，并且要积极履行承诺。企业管理者如果曾许诺却没有履行，员工会认为你食言，这种情况如果经常发生的话，员工就会失去对你的信任。一个不再取信于员工的领导就失去了领导力。

三、信任大部分来自体谅

信任的建立往往不是在下属干的特别出色的情况下发生的，而往往是在员工失败时，管理者如何对待自己的下属才是建立信任的关键所在。

当员工失败时，往往不是他们的能力问题，更多是执行的问题。而执行的前提是管理者传达的指令，而指令和执行指令之间又会因管理者传达的问题和员工领会的问题不同而产生不同。即使工作似乎对一个管理者来说很简单明了，但可能也需要你有所不同地向你的员工解释。推翻也可以是真实的。有时，你可能需要改变你的观点的来让你能够像你的员工一样去看待你所看到的东西。这某种程度上对你来说是一个学习的机会，而不是失败。管理者只有抱着这样的体谅态度，才能是一种信任，而这种信任也会广及团队中的每一个成员。

第四节　共担共享的团队价值

随着时代发展，跨界融合盛行，早已过了个人单打独斗的年代，一个人干不过一个团队，一个团队干不过一个系统，一个系统干不过一个趋势。目前的成功方程式是：团队 + 系统 + 趋势 = 成功。一个人可以走得很快，一群人会走得更远！你能整合别人，说明你有能力；你被别人整合，说明你有价值。在这个年代，你既整合不了别人，也没人整合你，那说明你离理想中的你还有很远的距离。如今早已不是大鱼吃小鱼的时代，而是群鱼吃大鱼的年代。

这样的趋势充分证明了只有共担共享的团队才有生存的价值，这也是企业文化价值的主要部分。

小米、腾讯、阿里巴巴之所以相继成长为市值超百亿美元、千亿美元的互联网公司，今日回看，一个共同点就是，都拥有最牛逼的合伙人团队。

我曾经去一家日本企业考察交流，这个公司经营了 60 多年。我们去的时候，接待我们的是这家公司的副董事长，是位白胡子老人了。我问他多大年龄？他说 60 岁了。我说您在公司待了多久？他说待了 35 年。而且在日本这样的企业很多，有的公司员工加入一个公司直接干一辈子，当时我心里除了佩服还很难受。凭什么人家一个企业的员工能在企业待35年甚至更久，是什么凝聚力让一个员工把企业当家，把毕业精力全放在这里呢？后来我自己总结了一句话，我们缺少精神层面的东西，需要建立精神共同体，建立与员工之间的共担共享精神。招一拨人，你得把他们拢在一起，朝着一个方向努力。管理者学会尊重团队的每一个人，发现他们每个人身上的闪光点，并给予每个成员足够的信任。让员工发现在企业里找到生存和发展的价值才能死心踏地跟着你走。

我们知道，一个人的能力是有限的，当一项工作或任务远远超出个人能力范围时，进行团队协作就势在必行。团队不仅能够完善和扩大个人的能力，还能够帮助成员加强相互理解和沟通，把团队任务内化为自己的任务，真正做团队工作的主人，这样的团队会战胜一切困难，赢得最终的胜利。而作为这样的团队成员也会在团队协作这个过程中迅速地成长起来。

一个企业如果有一个好的团队和良好的团队精神，它就会像冲锋的号角，激励员工勇往直前，奋力争先，不断战胜对手，取得竞争的胜利！

一个高效率的团队是一个表现优秀，使内部成员和外界均感到满意的工作集体。它总是同高难度的工作任务、成员的全身心投入、通力协作，以及对创新矢志不渝的追求紧密联系在一起的。无论是案例分析、小组项目咨询，还是从事行业分析工作，团队精神是否能得到发扬，都是决定工作成果的重要因素。

赋能团队的合作、协同性就是竞争力。随着市场竞争的日益激烈，赋能型团队更加强调团队精神，建立群体共识、协同，以达到更高的工作效率。特别是遇到大型项目时，想凭借一己之力去取得卓越的成果，可能非常困难。单打独斗的时代已经结束了，取而代之的是团队合作。是有利共享，有难共担的团队，这样才能体现真正的团队价值。

团队的组成不是一个人，如何融入团队，和其他成员共同努力、精诚协作是赋能团队的高效表现。团队，除了要依靠卓越的管理者，每个成员都是使团队不断融合不可或缺的一分子。

如何打造这样共担共享的价值团队呢？可以从以下几点着手。

首先，建立相同的价值观，只有价值观相同才能一起共事。管理者要遵遁品德第一，价值观第二，能力第三的用人原则。好的价值观和品质能彼此吸引和相互影响，正向积极的人聚在一起会形成一个积极的氛围和气场。一个团队中，朝气蓬勃是一个场景，死气沉沉又是一个场景。任何一种场景都会给顾客留下直观的印象，如果印象不好，顾客就不可能认可，后续的一系列服务就不能展开。

其次，共同的愿景和目标，内心抱着建立良好平台的愿望，有可以共同发展的企业让自己成长和提高。团队中的每一个人都从自身出发，推己及人，想到每一个人都为这个平台和团队在做贡献，自己不是单打独斗，团队有利益自己才能受益。

再次，共同的利益机制和可持续的发展。我们享受团队带来的增值成果，关注整体的业绩目标，考虑怎么做才最有益于团队的整体利益。而不是私下争抢客户，起内讧。积极主动分享业务知识和经验，主动给予同事必要的帮助。善于利用团队的力量解决问题和困难。善于和不同类型的同事合作，不将个人喜好带入工作中。

最后，共担共享的团队需要物以类聚，人以群分。管理者要有凝聚力和感召力，才能让员工追随。每个员工都要将自己融入集体，才能充分发挥个人的作用。个人的发展离不开企业的发展，员工要将个人追求与企业追求紧密结合起来，树立与企业风雨同舟的信念。

第五节 真正的文化赋能是利他

什么是利他精神？简言之，就是为了使别人获得方便与利益，而不图回报的助人为乐的行为，出于自觉自愿的一种利他精神且有益于社会的行为。

纵观古今中外，凡是能够长远发展的企业，都是以服务社会这个大格局为目标，而非以“利润最大化”为企业目标的。因为他们知道：利润只是结果，而非企业存在的原因。相信未来的企业竞争力，会从产品，技术、资源等，转化为利他竞争力，这才是真正的文化赋能。

经营事业的行为，小到一个团队，大到一个企业，它实际已经包含了为客户、为社会的“利他”精神。企业只有设身处地地为客户、合作商着想，发挥彼此的优势来解决问题，完善相互的不足之处，携手共同成长与发展，最终才能实现共赢，这些行为无形中均体现了“利他”精神。

做人做事要有一颗善心，本着真诚合作、共享互赢的利他心态，这样为人处事朋友就会聚拢，如此经营企业，企业才会发展的更加顺利。

在企业里，有远远比那些看得见的经营更重要的东西——利他思维。这种思维不是放在办公桌上，也不是挂在墙上，它渗透在每一个员工的神情里、审美中，他们的言行举止中无一不是企业文化精神的显现。

所以，管理者对员工进行过相应的利他文化方面的培训，企业的愿景、使命和价值观在培训过程中灌输到员工的头脑里，利他共赢的精神形成共识，这为后续的管理激励作好铺垫。

“利他”的另一面就是“利己”，比如，公司为了让员工有更多的进步，每年投入很多经费和资源来培训员工或支持员工考证学习，这不但能让大家接触新的知识技能，还能在一定程度上增强自身的综合能力及增加持证补贴，这确实包含了“利他”之心，但反过来看，技能和意识的提高，能让大家提升效率、责任心和凝聚力，同样能促进工作的完成效果，减少问题的产生，降低管理成本，其实这个过程中“利他”在无形中就已经变成了“利己”。

香港大学李焯芬教授说过一个故事。

第二次世界大战结束后，美、英、苏、中等战胜国，几经磋商，决定在美国纽约成立一个协调处理世界性事务的国际性组织——联合国。一切准备就绪之后，大家才发现，这么一个全球至高无上、最权威的世界组织，竟然难寻自己的立足之地。

听到这一消息后，美国著名的一家财团——洛克菲勒家族，经过商议，决定出资 870 万美元，在纽约买下一块土地，无偿地把这块土地赠与“联合国”这个刚刚挂牌的国际性组织。同时，洛克菲勒家族，也把这里附近的大面积土地一并全部买了下来。

洛克菲勒此举出人意料。当时，许多美国大财团都吃惊不已。870万美元，对于战后经济十分困难的美国和全世界，确实不是一个小数目，而洛克菲勒家族却是无偿赠予，什么条件也没有。消息传出之后，美国许多大财团的管理者甚至嘲笑说：“这简直是愚蠢至极！”他们断言：“这样下去，过不了十年，洛克菲勒财团就要沦落为贫民集团了。”

但出人意料的是，联合国大楼刚刚建成，四周的地价顿时狂涨起来，一时间，升值达到捐赠时价格的数十倍，甚至近百倍，巨额财富源源不断涌进了洛克菲勒家族。这个结局，令那些嘲笑和讥讽的人士个个目瞪口呆。

这个故事很明显地诠释了利他的真正价值。利他，就是互相尊重共同胜利。个中原理，值得每一个企业人用心细细琢磨。

很多企业存续周期大部分很短，平均寿命不足3年，究其根本是什么原因，相信有很多答案，不善经营，政策影响，资金周转，等等方面。究其根本，还是企业的价值观造成的。企业家应该具有的格局和价值观是利他。一家企业的存续，为社会提供了就业机会，为国家上缴利税，企业家会说，我做到了利他。那为什么如此多的企业死亡如此之快？说明企业家的利他还不足以支撑企业存活，更不可能让企业发展，需要企业更高层次利他。

利他思维确实是实现利己最好的方法，但他的前提是出自真心和善念，不是一种手段。不能为了实现最大化的利己而带着目的，刻意去用小伎俩、小恩惠利他，目的是想换取别人的大利益，这种成了刻意的利他而非真心的利他，是不能提倡的，最终也不会带来真正的价值。

稻盛和夫认为："利他本来就是经商的原点"，他表示："求利之心是人开展事业和各种活动的原动力。因此，大家都想赚钱，这种'欲望'无可厚非。但这种欲望不可停留在单纯利己的范围之内，也要考虑别人，要把单纯的私欲提升到追求公益的'大欲'层次上。这种利他的精神最终仍会惠及自己，扩大自己的利益。"

我们处在与人产生交集的社会中，处在利益至上的商业社会中，不要忘记利他是利己的根本，为人处事中，要时刻谨记服务他人，成就自己。

结　　语

梳理所有章节，我们应该给赋能总结以下三个关键特点。

首先，站在员工的角度看，赋能就是让员工充满内驱力，既有工作的能力又有工作的热情，明白工作是给自己干的，而不是纯粹给别人干的。一旦员工具备了自我驱动的工作激情，就会变“要我干”为“我要干”，如此就会爆发更多的潜力和信心。

其次，站在管理者的角度看，赋能就是领导不再是制订计划、安排工作、发号施令的角色，而是转变成了言传身教、树立榜样作用的文化布道者和企业文化、团队精神支柱的代表。是那种能够带着团队往前冲，而不是高高在上的状态，更多的是影响下属，而非管控。

再次，站在时代发展的角度看，赋能就是让组织和团队不再是固定岗位的集成，而是由一个个不同的个体在自由自觉的状态下形成的良性跨界和融合，是一种自动自觉的发展状态。

对于赋能型团队的打造，我们还有很多问题需要思考，需要不断学习，更离不开实实在在的实践。因此，我建议读者，不能为了读书而读书，也不能跟风读，要将书中提到的方法切实运用到具体的团队管理中。

理论是死的，方法是死的，只有实践才是活的，而实践，也是阅读和学习的要义所在。

切记：认真学习，重视实践，然后不断修正，如此，赋能型团队才能真正建立！